W0271195

für all

fü

die

Für Ihre nächste Reise gibt es folgende Titel dieser Reihe:

Ägypten • Alaska • Algarve • Allgäu • Amrum/Föhr • Amsterdam • Andalusien • Antarktis • Argentinien/Buenos Aires • Athen • Australien • Bahamas • Bali/Lombok • Baltikum • Bangkok • Barcelona • Bayerischer Wald • Berlin • Berner Oberland • Bodensee • Bornholm • Brasilien/Rio • Bretagne • Brüssel • Budapest • Bulgarien • Burgenland • Burgund • Capri • Chiemgau/Berchtesgaden • China • Costa Brava • Costa del Sol/Granada • Costa Rica • Côte d'Azur • Dänemark • Disneyland Paris • Dolomiten • Dominik. Republik • Dresden • Dubai/Emirate/Oman • Düsseldorf • Eifel • Elba • Elsaß • England • Erzgebirge/Vogtland • Feuerland/Patagonien • Finnland • Flandern • Florenz • Florida • Franken • Frankfurt • Frankreich • Frz. Atlantikküste • Fuerteventura • Galicien/Nordwest-Spanien • Gardasee • Gran Canaria • Griechenland • Griech. Inseln/Ägäis • Hamburg • Harz • Hawaii • Heidelberg • Holland • Hongkong • Ibiza/Formentera • Indien • Ionische Inseln • Irland • Ischia • Island • Israel • Istanbul • Istrien • Italien • Italien Nord • Italien Süd • Ital. Adria • Ital. Riviera • Jamaica • Japan • Java/Sumatra • Jemen • Jerusalem • Jordanien • Kalifornien • Kanada • Kanada Ost • Kanada West • Karibik: Große Antillen • Karibik: Kleine Antillen • Kärnten • Kenia • Köln • Kopenhagen • Korsika • Kreta • Krim/Schwarzmeerküste • Kuba • Lanzarote • La Palma • Leipzig • Libanon • Lissabon • Lofoten • Loire-Tal • London • Luxemburg • Madagaskar • Madeira • Madrid • Mailand/Lombardei • Malediven • Mallorca • Malta • Mark Brandenburg • Marokko • Masurische Seen • Mauritius • Mecklenburger Seenplatte • Menorca • Mexiko • Mosel • Moskau • München • Namibia • Nepal • Neuseeland • New York • Normandie • Norwegen • Oberbayern • Oberital. Seen • Oberschwaben • Österreich • Ostfries. Inseln • Ostseeküste: Mecklbg.-Vorp. • Ostseeküste: Schlesw.-Holst. • Paris • Peking • Peloponnes • Pfalz • Polen • Portugal • Potsdam • Prag • Provence • Rhodos • Rom • Rügen • Rumänien • Rußland • Salzburg/Salzkammergut • San Francisco • Sardinien • Schottland • Schwarzwald • Schweden • Schweiz • Seychellen • Singapur • Sizilien • Slowakei • Spanien • Spreewald/Lausitz • Sri Lanka • Steiermark • St. Petersburg • Südafrika • Südamerika • Südengland • Südkorea • Südsee • Südtirol • Sylt • Syrien • Taiwan • Teneriffa • Tessin • Thailand • Thüringen • Tirol • Tokio • Toskana • Tschechien • Tunesien • Türkei • Türk. Mittelmeerküste • Umbrien • Ungarn • USA • USA: Neuengland • USA Ost • USA Südstaaten • USA West • Usedom • Venedig • Vietnam • Wales • Die Wartburg/Eisenach und Umgebung • Weimar • Wien • Zürich • Zypern • Die 30 tollsten Ziele in Europa • Die tollsten Hotels in Deutschland • Die tollsten Restaurants in Deutschland

Die Marco Polo Redaktion freut sich, wenn Sie ihr schreiben:
Marco Polo Redaktion, Mairs Geographischer Verlag
Postfach 31 51, D-73751 Ostfildern

Titelbild: Landschaft im Nordwesten bei Garafia (Bildarchiv Huber/R. Schmid)

Fotos: Amberg (16, 30, 63, 67); Amberg: Schraml (Umschlagklappe vorn, 54); Baumli (22, 34, 39, 44, 50, 56, 74); Heinze (7, 9, 24, 59, 70, 76, 83); Lade: BAV (4, 37, 78), Guthier (20, 48, 73), Müller (17, 40); Mauritius: Mehlig (69); Reichert (12, 15); Schulz (10, 26, 28)

3., aktualisierte Auflage 1996 © Mairs Geographischer Verlag, Ostfildern
Gestaltung: Thienhaus/Wippermann (Büro Hamburg)
Kartographie: Mairs Geographischer Verlag
Sprachführer: in Zusammenarbeit mit dem Ernst Klett Verlag für Wissen und Bildung GmbH, Redaktion PONS Wörterbücher.

Printed in Germany
Gedruckt auf 100% chlorfrei gebleichtem Papier

INHALT

Entdecken Sie La Palma!

Die drittkleinste der sieben Kanarischen Inseln ist ein Kontinent im kleinen

Wie ein Herz liegt die um 700 Quadratkilometer große Insel am westlichen Rand des kanarischen Archipels im Blau des Atlantiks. Die Spitze zeigt nach Süden, und oben im Norden hat das Herz seine breiteste Ausdehnung, nämlich 29 Kilometer. So stellt sich der Blick aus großer Höhe dar, etwa auf der Satellitenaufnahme, die heute in jeder palmerischen Bank und in jedem öffentlichen Gebäude an der Wand hängt.

Nähert man sich mit dem Schiff, so bietet sich ein anderer Anblick: Als riesiger Scherenschnitt steigt die Insel ziemlich senkrecht aus dem Meer, und vom Seeniveau aus scheinen die Höhenzüge – bis zu 2500 Meter steigen sie auf – größer und gewaltiger zu sein, als sie ohnehin schon sind.

La Palma ist, wie die übrigen Kanarischen Inseln, vulkanisch und vor ungefähr 20 Millionen Jahren als gewaltige Eruption aus dem Meer gewachsen. Der Vulkanismus hat Geographie, Flora und Fauna sowie das Leben der Menschen bestimmt. Nun schlummern die Vulkane, wer weiß wie lange, denn der letzte Ausbruch auf La Palma war erst im Jahre 1971. Noch heute ist dort, beim Vulkan Teneguia im Süden der Insel, das Gefels warm vom unterirdischen Feuer.

Den Besucher erwartet also eine vulkanisch gebirgige Insel, die zwar größtenteils mit Pinienwäldern und Kulturpflanzen bewachsen ist, jedoch auch einige nackte Vulkankegel mit gewaltigen Lava- und Ascheausläufern und den größten Erosionskrater der Erde hat. Strände gibt es kaum.

Anders als Lanzarote etwa ist La Palma eine grüne Insel. Nicht zu Unrecht wird sie auch *isla verde* genannt. Denn La Palma ist verwöhnt vom Regen, was im Winter angereiste Urlauber oftmals mit Enttäuschung registrieren, den Palmeros jedoch erst die Lebensgrundlage gibt. Regnet es auch nur im Winter, so ist das Wasser doch unentbehrlich für die Landwirtschaft, immer noch die Nummer eins im Wirtschaftsaufkommen La Palmas.

Dieser blühende Garten ist bei Mazo im Südosten von La Palma gelegen

Daß es ab November, selten bis in den Mai hinein, so viel regnen kann, liegt an der Geographie der Insel, an ihrer Nord-Süd-Ausdehnung (ca. 47 Kilometer) mit dem in gleicher Richtung verlaufenden Gebirgskamm, der hier *cumbre* heißt.

Die *cumbre* steht quer zu den aus nördlicher Richtung einfallenden Passatwinden, die regenschwere Wolken heranführen.

Stoßen diese auf den wie eine Barriere stehenden Gebirgszug, so lassen sie ihr Wasser fahren, »die Berge kämmen den Himmel«, wie es dazu treffend in einem palmerischen Volkslied heißt. Die *cumbre* teilt also La Palma in eine »nasse« und in eine »trockene« Hälfte, denn der Regen kommt nur selten auf die Westseite, eben weil er vorher an den Osthängen niedergeht. Diese von der Natur bestimmte Teilung in zwei Zonen, mit vielen verschiedenen Zwischenzonen, sowie die Höhe der Insel machen aus La Palma einen Minikontinent, wo alles an unterschiedlichen Klima- und Vegetationsgebieten zu finden ist.

Auch für die Bewohner, Palmeros und ausländische Residenten, und für die Urlauber ist die Zweiteilung von Belang, weil hier ein anderes Klima und andere Lebensformen als dort herrschen. Für manchen kommt es fast einem Glaubensbekenntnis gleich, ob man im feuchteren Ostteil, der dafür grüner ist, oder im trockeneren und wärmeren Westteil wohnt.

Von der Kraßheit dieses Gegensatzes kann sich jeder höchst plastisch überzeugen. Man braucht nämlich nur vom Osten der Insel, etwa von der Hauptstadt Santa Cruz aus, über die *cumbre* in Richtung Los Llanos zu fahren. Sowie der Straßentunnel an der höchsten Stelle passiert ist und man in den Westteil blickt, trifft man auf strahlenden Sonnenschein, während hinter einem womöglich der Himmel wolkenverhangen ist.

Natürlich sollte man auf dieses Phänomen nicht mit der Automatik einer Uhr warten, es kann auch vorkommen, daß beide Seiten einen verhangenen Himmel haben.

La Palma – ein Kontinent im kleinen. Sichtbar ist dies besonders an der Flora. Bereits beim Anflug zum Flughafen auf der Ostseite erkennt der Besucher durchs Fenster ein grünes, nicht enden wollendes Pflanzenmeer. Es sind Bananen. Sie gedeihen nur in den subtropischen Küstenzonen, bis zu einer Höhe von 400 Metern. Höher hinauf, bis zu 600 Metern, breitet sich Wein aus. Oft in handtuchkleinen Flächen angebaut, hat er es auf den Kanaren zu einiger Popularität gebracht.

In den mittleren Zonen, wo die Durchschnittstemperatur 16 °C beträgt, wachsen Obstbäume wie Mangos, Papayas, Zitrusfrüchte und Aprikosen. Weiter Kartoffel, auch Boniato, die Süßkartoffel und Getreide. Ihnen folgen Lorbeer- und Kastanienbäume (Maronen) und schließlich von 1200 Metern bis in die Höhen um 2000 Meter die Kanarische Pinie.

Dies ist das Gebiet großer Temperaturunterschiede zwischen Tag und Nacht, die mittlere Jahrestemperatur beträgt 10 °C, pro Jahr fallen hier 400 Millimeter Regen. Man kann in

Passatwolke über dem Gebirgskamm Cumbre

dieser Region von Kontinentalklima sprechen, mit heißen Sommertagen und kalten Winternächten, mit sporadischem Schnee in großen Höhen.

Die Kanarische Pinie ist auf dem Archipel endemisch und zeichnet sich besonders durch ihre Feuerresistenz aus. Ihre Nadeln sind lang und stehen zu dicken Büscheln zusammen. Über Jahrhunderte hatte die Pinie einen hohen ökonomischen Wert, weil das eisenharte Kernholz, das *tea,* ein begehrtes Baumaterial war, das heute jedoch unerschwinglich ist. Die Pinien bedecken übrigens fast ein Drittel der Oberfläche von La Palma.

Neben der Kanarischen Pinie gibt es zahlreiche Pflanzen, die nur auf La Palma vorkommen, also hier endemisch sind. Zu ihnen gehören z.B. etliche Aeonium-Arten, die sich überall auf den Felsen fleischblättrig breitmachen.

Auf dieser kontrastreichen Insel, mit hohen Bergen, nackten Felsen, Lavafeldern, Bananenplantagen und dichten Kiefernwäldern, mit Temperaturen zum Schwitzen und solchen zum Frieren, leben gut 90 000 Menschen, davon in der Hauptstadt allein 18 000.

Jahrhundertelang war La Palma, sozusagen als letzter Hafen vor Amerika, Zwischenstation für die vielen kanarischen Emigranten, die in mehreren Auswanderungswellen nach Amerika, besonders nach Venezuela und Kuba, gingen. Abgesehen von dieser Transitstation war La Palma relativ isoliert. Nur einige Piratenüberfälle störten die Ruhe der Insulaner. Der Handel mit Wein und anderen Produkten wie Kartoffeln und Zwiebeln brachte nicht den entscheidenden kulturellen Austausch mit anderen Ländern, der den Palmero seiner urwüchsigen Identität beraubt hätte.

Auch der um die sechziger Jahre ganz klein beginnende Tourismus, der Mitte der achtziger Jahre durch die ersten Direktflüge aus Deutschland sprunghaft

Geschichtstabelle

um 1000 v. Chr.
Vermutliche Besuche durch die Phönizier auf den Kanarischen Inseln

um 250 v. Chr.
Erste Siedlungen auf La Palma

im 14. Jh.
Portugiesische Seefahrer besuchen das Archipel

1402–1496
Die Spanier erobern die Kanaren

29. 9. 1492
Beginn der Eroberung La Palmas durch den Spanier Alonso Fernández de Lugo

3. 5. 1493
Endgültige Eroberung La Palmas

um 1500
Erste Emigrationen nach Amerika

ca. 1500–1550
Blüte des Zuckerrohranbaus

ab 1550
Blüte des Weinbaus

1553
Der Franzose Le Clerc überfällt die Hauptstadt und brennt sie nieder

1585
Englische Piraten versuchen vergebens, die Hauptstadt von La Palma einzunehmen

ab 1715
Niedergang des Weinexports

18. Jh.
Erneute Emigrationen nach Amerika

1863
Mit *El Time* erscheint die erste Zeitung auf La Palma

1866
Gründung eines Theaters

1888
Niedergang der *Conchinilla*-(Färberlaus-)Kultur mit anschließender Emigrationswelle nach Amerika

1893
Ein kleines Wasserkraftwerk erzeugt den ersten elektrischen Strom der Insel

ab 1894
Kultivation der Banane im großen Stil

Anfang 20. Jh.
Einführung der örtlichen Selbstverwaltung

1927
Es entstehen zwei Provinzen auf den Kanaren, La Palma gehört fortan zur Provinz Teneriffa

1982
Autonomie der Kanaren

ab 1987
Erste Direkt-Charterflüge von Deutschland, später auch von der Schweiz, Holland, Dänemark und England (1992)

1993
Ab 1. 1. 93 gilt der EU-Status für die Kanarischen Inseln

anstieg, hat dem Palmero seine Eigenart und Ruhe nicht genommen. Fast scheint es, als hätte der Tourismus die Menschen noch weiter in sich zurückziehen lassen. Zwar gibt es auch auf La Palma eine neue Klasse, die den Fremdenverkehr für sich zu nutzen weiß, Autovermieter, Restaurantbesitzer, Hoteliers, Geschäftsleute. Doch der überwiegende Teil der Bevölkerung hat mit dem Tourismus wenig am Hut. Nicht etwa aus Unfreundlichkeit oder Abwehr, sondern allein aus mangelnder Erfahrung im Umgang mit den Fremden, die wöchentlich wie ein Heuschreckenschwarm auf die Insel einfallen.

Der Palmero ist zurückhaltend oder wie er selbst oft genug von sich behauptet: *tímido,* das heißt schüchtern und scheu. Vielleicht ist dies eine Folge der jahrhundertelangen Fremdbestimmung und der erwähnten Isolation. Wird er jedoch, noch dazu vielleicht in seiner eigenen Sprache, angeredet, so ist er angenehm freundlich, hilfsbereit, freigebig und begierig, über seine Heimat zu erzählen.

Auf La Palma wird der Urlauber also noch auf wenig aufgeweichte Strukturen treffen. Dazu gehört übrigens auch die sprichwörtliche Ruhe, mit der Geschäfte abgewickelt, Bankkunden bedient und Auskünfte erteilt werden.

Es gibt jedoch viele Gelegenheiten, um mit dem Palmero ins Gespräch oder zumindest, wenn man die Sprache nicht spricht, in Kontakt zu kommen. Etwa in einer »Einheimischen«-Bar, wo Bauern und Fischer mit der *copa* Wein am Tresen stehen und mit einem Auge den Kanarischen Ringkampf auf der Mattscheibe verfolgen, auf Festen, wo man unter sich ist, mit dem ganzen Anhang der weitverzweigten Familie. Oder gar auf einem der zahlreichen Picknickplätze, wo sonntags Unmengen von Fleisch gegrillt und Weinballons geleert

Beim Dominospiel in Tazacorte

werden. All dies sind Orte und Gelegenheiten, bei denen der Tourist den Palmero kennenlernen wird.

La Palma entdecken bedeutet natürlich auch, neben der unverbrauchten und vielfältigen Natur den Menschen und seine Bräuche, seine eigenständige Handwerkskunst kennenzulernen. Auf La Palma werden noch Künste gepflegt, die nicht dem Touristen zuliebe als Schauobjekt dienen. Es gibt eine jahrhundertealte Tradition der Stickerei, Weberei, Seidenspinnerei, Korbflechterei. Das sind häufig die Domänen der Frauen.

Männer drehen Zigarren, stampfen mit den Füßen den Most aus den Trauben, töpfern und bearbeiten das Land, oft genug noch mit Hakenpflug und Ochsengespann.

Alle gemeinsam pflegen eine ins Gemüt gehende Folkloremusik, mit Gitarren, Mandolinen und Gesang. Die kirchlichen Prozessionen zu bestimmten Feiertagen, die riesigen Blumenbilder und -objekte zu Fronleichnam, die Viehmärkte und Wettkämpfe im Kanarischen Ringkampf, sie alle sind immer noch »original« wie zu alten Zeiten. La Palma ist recht bodenständig.

In Santa Cruz gibt es viele solcher Häuser mit Holzbalkonen

Die Marco Polo Bitte

Marco Polo war der erste Weltreisende. Er reiste in friedlicher Absicht, verband Ost und West. Er wollte die Welt entdecken, fremde Kulturen kennenlernen, nicht zerstören. Könnte er für uns Reisende des 20. Jahrhunderts nicht Vorbild sein? Aufgeschlossen und friedlich sollte unsere Haltung auf Reisen sein. Dazu gehören auch Respekt vor Mensch und Tier und die Bewahrung der Umwelt.

WWF

Zur kulturellen Eigenständigkeit gehören natürlich auch die jahrhundertealten Kirchen und die Bürgerhäuser in der Stadt mit prachtvollen hölzernen Balkonen, des weiteren die *casonas,* die Landsitze der Grundbesitzer und Bananenbarone, uralte Bodegas, die sich in Weinfeldern ducken, und holzgeschmückte Amtsgebäude. Wenn gesagt wurde, daß La Palma zu den Inseln gehöre, die wenig Veränderung erfahren hätten, so ist nichtsdestotrotz gerade in den letzten Jahren ein von außen kommender und sicherlich nicht von jedem begrüßter Einfluß bemerkbar. Die Bestimmungen der EU, mit ihren zahlreichen »Harmonisierungen«, greifen auch nach La Palma. Dies schlägt sich in großzugigerem, EU-standardisiertem Straßenbau ebenso nieder wie in neuen Steuergesetzen und »harmonisierten« Verkehrsbestimmungen. Für den Touristen macht sich das in jedem Fall mit Preiserhöhungen bemerkbar.

Es scheint eine Frage der Zeit, wann auch auf La Palma insulare Eigenarten geglättet werden, wann in den Bars der Wein nicht mehr in der Fantaflasche gereicht werden darf und der Ziegenkäse hygienisch in Folie eingeschweißt werden muß. Damit soll gesagt werden, daß viele, besonders dem Besucher der Insel auffallende Liebenswürdigkeiten im palmerischen Alltag in Gefahr sind zu verschwinden.

Bleibt zu hoffen, daß die Natur erhalten bleibt, nicht nur für den Erholungssuchenden, sondern erst recht für die Menschen, die auf La Palma leben. Es gab bereits Versuche, die Natur zu ordnen, etwa durch das Projekt eines Golfplatzes, der, so befürchten viele, das palmerische Wassergleichgewicht stören würde.

Die ökologische Bewegung auf La Palma ist stark. Ihr ist es auch zu verdanken, daß nicht jeder Ortsvorsteher eine wilde Mülldeponie einrichten kann, nicht jedes Idyll zum Touristenghetto verkommt und die auch in Spanien und auf den Kanarischen Inseln bestehenden Naturschutzgesetze befolgt werden.

So gibt es trotz mancher Wolken am Himmel auch den berühmten Silberstreif am Horizont, so daß La Palma seinen Bewohnern in alter Vertrautheit erhalten bleibt und die hierher kommenden Urlauber aus dem Norden Europas immer noch das finden werden, weshalb sie kommen: unberührte Natur und unverfälschte Inselkultur ohne Nepp und Rummel.

Von Bananen und Pinien

La Palma ist ein grünes Paradies. Darüber und über vieles mehr informiert Sie ein Kenner der Insel

Architektur

Die kanarische Architektur hat natürlich auch La Palma ihren Stempel aufgedrückt. Macht man eine grobe Unterscheidung nach städtischer und ländlicher Bauweise, so ist erstere mehr vom iberischen Kontinent bestimmt, von Andalusien, Portugal und Galicien. Besonders in Santa Cruz sind wohlproportionierte, kühle Innenhöfe in diesem traditionellen Stil erbaut worden: mit Holzgalerien und sehr hohen Fenstern mit metallenen Balkongittern.

Die ländliche Bauweise wurde vom Klima und den vorhandenen Materialien traditionell beeinflußt. Heiß ist es im Sommer, feuchtkalt im Winter, und in manchen Inselgebieten weht der Wind heftig. Zum Baumaterial gehörten u.a. Stein, Holz, Kalk und Lehm. Das Ergebnis waren die typischen kanarischen Häuser, denen man auf La Palma immer noch auf Schritt und Tritt begegnet. Sie haben mächtige Steinwände, kleine Fenster, niedrige Türen, Dachziegel nach arabischer Art und im Innern die hölzernen Walmdecken. In den Räumen lebt man wie unter einem Zelt. Da die Mehrzahl der Palmeros nie besonders wohlhabend war, mußte sich die normale Familie oft mit zwei kleinen Räumen begnügen. Wer mehr Geld hatte, konnte sich ein zweistöckiges Haus mit hölzerner Außentreppe und Balkon leisten.

Heute werden überwiegend langweilige Kästen aus Zementsteinen gebaut, das ist billiger als die traditionelle Bauweise. Allerdings sieht man in jüngster Zeit wieder Neubauten mit schönen Holzarbeiten, Balkonen, Zier-Ecksteinen und traditionellem Dach.

Zur Pflanzenvielfalt auf La Palma gehört natürlich auch die vielerorts wachsende Banane

Bars

Ein palmerisches Etablissement mit dem Schild »Bar« ist kein schummriger Nachtclub mit Amüsierdamen oder bunten Cocktails – normalerweise jedenfalls nicht.

Eine Bar ist das, was man in Deutschland eine Kneipe nennen kann. Hier nimmt der zur Arbeit Eilende schnell seinen

Kaffee mit Brandy oder auch mit einem *bocadillo* (belegtes Brötchen), hier kehrt der Friseur aus der Nachbarschaft, der Bankbeamte von gegenüber ein, kurz alle, die eine Pause einlegen wollen und ein bißchen palavern möchten, weil es auf der Arbeitsstelle gar zu langweilig ist. Eine Bar ist also eine Art Sozialstation, mit dem Wirt und dem Personal als Sozialarbeiter. Eine gute Bar zeichnet sich durch frische *tapas* (kleine Appetithappen), guten Landwein, routiniertes Personal und ein auf Zimmerlautstärke eingestelltes Fernsehgerät aus.

In manchen Bars stehen nur Männer am Tresen. In anderen sieht man auch Frauen. Als Tourist macht man keinen Fehler, dort hineinzugehen, wo am meisten Betrieb ist, das spricht für die Güte der Bar.

Emigranten

Von den Kanaren gingen mehrere Auswanderungswellen nach Amerika aus, besonders nach Venezuela und Kuba. Der Unternehmungsgeist der Auswanderer »drüben« war groß. Montevideo, die Hauptstadt Uruguays, ist z. B. von einer kanarischen Familie gegründet worden. Fast alle Emigrantenschiffe liefen als letzten Hafen vor der Atlantiküberquerung Santa Cruz de la Palma an. Hier stießen noch die letzten Ausreisewilligen, deren Papiere von der Guardia Civil und dem Priester des Heimatdorfes genehmigt werden mußten, zu den Hoffnungsvollen an Bord.

Man ging mit dem, was man tragen konnte, wenige nur kamen mit mehr zurück. Viele fanden in Amerika eine neue Heimat. Allein zwischen 1946 und 1962 emigrierten über 85 000 Bewohner der Provinz Tenerife, zu der La Palma gehört, nach Lateinamerika. Rund drei Millionen Nachkommen kanarischer Einwanderer leben heute in Amerika.

Für La Palma bedeuteten die rückkehrenden Auswanderer einen Kulturschub amerikanischer beziehungsweise karibischer Prägung. Die Sprache erhielt neue Begriffe, die Musik einen pikanteren Rhythmus, und der Karneval verlor seine bisherige Biederkeit und bekam karibischen Pfeffer zugemischt.

Die palmerische Küche wurde ebenso bereichert: Boniato, Chayote, Bubango und Ñame boten neue Abwechslung. Nicht zu vergessen die Zigarrendreher, deren Väter ihr Handwerk »drüben« erlernt hatten und dem Palmero und der Kundschaft eine der besten Zigarren der Welt bescherten.

Fauna

La Palma hat keine großen Wirbeltiere, sieht man einmal von den für die Jagd eingeführten Mufflons und den Kaninchen ab. Über die Felsen huschen Reptilien wie verschiedene Eidechsen- und Salamanderarten. Schlangen aber gibt es nicht. Die Eidechsen haben sich zu zahlreichen Spezies entwickelt, die von Insel zu Insel verschieden sind. Die auf La Palma am häufigsten anzutreffende Eidechse ist der *lagarto salmor,* dessen Männchen eine blaue Kehle hat und bis zu 50 cm lang werden kann. Gewöhnlich sieht man jedoch die 10–20 cm langen Exemplare.

Die *araña mamona,* eine versteckt lebende Spinnenart, ist das einzige giftige Tier auf der Insel. Ihr Biß ist schmerzhaft, jedoch für den Menschen harmlos.

Viele Inselbesucher vermissen den morgendlichen Vogelgesang. Man muß schon sehr genau hinhören, um die Stimmchen der zahlreichen Finkenarten, die auf La Palma heimisch sind, zu vernehmen. Seevögel hingegen gibt es, wegen des fehlenden Inselsockels, der Nahrung bieten könnte, nur wenige.

Dafür wird man immer das bewegungslose Schweben eines Falken beobachten können, in den Bergen kleine Tauben und die *graja,* einen dohlenähnlichen Vogel mit roten Füßen und Schnabel, den es nur auf La Palma gibt.

Zum Vogel des Jahres 95 wurde übrigens die Silberhalstaube *(Columba bollii)* gekürt. Sie lebt nur noch auf den Kanaren und auch auf La Palma.

Wenn der Urlauber morgens von durchdringendem Gehupe und Lautsprecherdurchsagen geweckt wird, so ist es meistens der Fischmann. Es lohnt sich, einen Blick auf sein Angebot zu werfen. *Caballas* (Makrelen), *sardinas* (Sardinen), *chicharros* (eine Makrelenart) und *salemas* (Goldbrassen) werden sich hauptsächlich in den Kästen bewegen. Damit hat es sich auch schon. Zwar gibt es manchmal auch Thun und andere Atlantikfische, doch im Vergleich zu den östlichen Kanareninseln sind die Küstengewässer La Palmas eher arm. Wer vom Felsen aus angeln will und auf reiche Beute hofft, wird schnell enttäuscht sein. Selbst die *viejas* (Papageienfische) scheinen nur auf heimische Fischer hereinzufallen.

Dann gibt es noch Muränen, die in Metallreusen gefangen werden. Auf den Märkten der Insel findet man sporadisch auch seltenere Fische, jedoch in geringer Quantität. Tintenfische und *camarones* (Krabben) gibt es meist in Restaurants. *Lapas,* die an den Felsen klebenden runden Muscheln, werden von den Palmeros geschätzt, in Knoblauchöl gebraten mit einem Schuß Zitrone und einem Schluck Wein hinterher genossen.

Flora

Seit 1753 wird die kanarische Flora erforscht, und es scheint

Der Drachenbaum wird bis zu 3000 Jahre alt

mit diesen Untersuchungen kein Ende zu nehmen. Denn die Vielfalt ist groß. Auf La Palma wachsen in geringer Nachbarschaft subtropische und alpine Pflanzen. Im Grunde genommen wächst jede Pflanze, wenn sie in entsprechender Höhe und mit der nötigen Wasserversorgung angepflanzt wird.

Etwa 1800 verschiedene Pflanzenarten gibt es auf den Kanaren, seit der Conquista sind 600 aus allen Erdteilen eingeführt worden. La Palma allein hat 40 endemische Arten. Eine Fahrt über die Insel läßt manchen Blumenliebhaber neidvoll erblassen: »Wie groß die Weihnachtssterne hier sind!« – »Ich bin froh, wenn mein Oleander zu Hause mal eine Blüte zeigt!« Auf La Palma wächst er in Bäumen, genauso wie Hibiskus und Bougainvillea.

Urig ist der Drachenbaum, ein Liliengewächs mit Höhen bis zu 20 Metern und einem Alter bis zu 3000 Jahren. Die Palmenarten sind Legion, und dem Laien fällt es schwer, die Arten zu unterscheiden. In den Trockenzonen und auf den Lavafeldern wächst im Frühjahr ein Blütenmeer heran, und zwischen den Pinien der mittleren Zone wachsen Farne und Pilze.

Auf La Palma lebt die Folklore: in der Musik, in Festen und in den Kostümen

Es gibt zahlreiche Sukkulenten. Viele Kakteen tragen saftige Früchte, andere blühen still vor sich hin. Maulbeer- und Feigenbäume ächzen im Sommer unter der Last ihrer Früchte. Im November werden die Maronen geerntet.

Hinzu kommen die verschiedenen Früchte wie Papaya, Zitrus, Mangos, Aprikosen, Pfirsiche, Bananen, Avocados, Ananas, Guaven, Peramelones, Passionsfrüchte, Kaffee ...

Ist etwas vergessen worden? Sicherlich.

Folklore (Musik)

Auf La Palma lebt die Folklore in den Menschen. Sie kehrt in die abendlichen Bodegas ein, mit spontanen Singversen, den *coplas,* und lebt auf den Volksfesten in den Dörfern, mit Trachten und Musik.

Die *coplas* spiegeln das Leben auf dem Lande wider, mit seinen Freuden und Traurigkeiten. Die Volksmusik ist einerseits stark vom spanischen Mutterland beeinflußt, vermischt mit Zugaben aus Kuba und Venezuela, wie sie in den *habaneras,* den Tänzen aus Havanna, und den *guajiras,* kubanischen, ländlichen Tänzen, zu finden sind.

Neben Gitarre, Trommel, Flöte und Akkordeon spielt auch ein rein kanarisches Instrument

Solche Zeichen stammen von der Urbevölkerung, den Guanchen

eine Rolle, das Timple. Das ist eine kleine, vier- oder sechssaitige Gitarre mit bauchigem Klangkörper.

Diese Instrumente bringen sehr verschiedene Tänze zum Leben. Auf La Palma gibt es z. B. den Tanz *baile del trigo,* der das Getreide von der Aussaat bis zum fertigen Brot spielerisch darstellt.

Heutzutage ist nicht alles Folkloremusik, was so klingt. Die Musik unterliegt ständig Einflüssen und Entwicklungen, die ihrem ursprünglichen Charakter nicht immer guttun.

Viele Folklorebands haben sich der ursprünglichen Folklore angenommen und sie für den Geschmack der neuen Zeit bearbeitet. Damit ist immerhin zu ihrem Überleben beigetragen worden. Für La Palma sind in diesem Zusammenhang *Los Arrieros* maßgeblich gewesen. Berühmteste Vertreter der *nueva música popular,* des neuen Volksliedes, sind auf La Palma die Bands *El Taburiente* und *Los Viejos.*

Guanchen

Ein Guanche war ursprünglich »ein Mensch von Tenerife«; *guan* bedeutet abstammend, *chinech* bedeutet Tenerife.

Heute werden die Urbewohner aller kanarischen Inseln Guanchen genannt. Woher sie kamen, weiß man nicht genau, wohin sie gingen, schon. Man vermutet ihren Ursprung in Nordafrika. Geschlagen wurden sie schließlich 1496 endgültig, und die spanischen Conquistadoren gingen hier mit gleicher Grausamkeit vor wie in ihren amerikanischen Kolonien. Der letzte palmerische Guanchenkönig war Tanausú, er trat in den tödlichen Hungerstreik, als man ihn nach Spanien bringen wollte.

Die Guanchen waren ein überwiegend in Höhlen lebendes Volk. Sie ernährten sich von Ziegen und Schafen und von *gofio,* einem gerösteten Getreidemehl, das noch heute unter der kanarischen Landbevölkerung zur täglichen Ernährung gehört.

Wenig haben uns die Guanchen hinterlassen. Auf La Palma gibt es einige Steinzeichnungen, die Petroglyphen, sowie außerdem allerhand Fragmente ihrer Töpferkunst und ihrer Werkzeuge.

Doch viele Sitten und Gebräuche haben Guanchenwurzeln, so beispielsweise der *zurrón,* der Beutel aus Ziegenhaut, in dem der Landmann seinen *gofio* walkt. Und auch die *lucha canaria,* der Kanarische Ringkampf, stammt aus der Guanchenzeit.

Landwirtschaft

Die Landwirtschaft war immer und ist noch heute die Basis des palmerischen Wirtschaftsaufkommens. Steile Berge, schlechte Böden und starke Winde sind die naturbedingten Schwierigkeiten dieses Wirtschaftszweiges.

Das Auf und Ab der Weltmärkte und politische Veränderungen beeinflußten in der Vergangenheit zusätzlich die palmerische Landwirtschaft. Beispiele dafür sind der Niedergang des Zuckers und des Weines durch eine rentablere Produktion in anderen Ländern oder das Ende der Conchinilla-Laus-Ära durch die Erfindung eines synthetischen Farbstoffes. Aktuell befürchtet man für die Bananenproduktion auf La Palma nichts Gutes durch die Harmonisierungsbestrebungen der EU.

Die Banane ist auf La Palma das wichtigste Produkt. Sie bringt gute Exporterlöse, schafft Investitionen und Arbeitsplätze. Grob geschätzt sind 4000 ha mit Bananen bepflanzt, mit 140 000 t Jahresproduktion.

Neben den großen Plantagen existieren Familienbetriebe, die auf kleinen Feldern Zwiebeln, Bohnen, Karotten und Paprika, Kartoffeln und Boniato anbauen. Wein und Mandeln sowie Avocados sind weitere wichtige Faktoren. Auch der Tabakanbau, wenn auch vom Umfang her gering, spielt erlösmäßig eine Rolle.

Lucha Canaria

Wenn in den Bars die Männer einem sportlichen Ereignis auf dem Fernsehschirm folgen, dann kann es nur Fußball oder der heimische Ringkampf sein. Er wird auf allen Inseln gepflegt, und es gibt so etwas wie eine Oberliga.

Rätselhafte Felsinschriften

Die Urheber der vorgeschichtlichen Felszeichen auf La Palma liegen im dunkeln. Ihre Bedeutung wird unterschiedlich interpretiert. Einige Felszeichnungen werden als tanzende Ureinwohner identifiziert, andere als Zeichen des libyschen Alphabets, andere wiederum als christliche Kreuzzeichen.

Alle Forscher glauben, daß der Ursprung zumindest der alphabetischen Zeichen in Nordafrika zu suchen ist, zumal es in der Sahara ähnliche Felsinschriften gibt.

Die spiralförmigen Petroglyphen sind über ganz La Palma verstreut, es gibt bisher ungefähr 50 Fundstellen. Einige sind gut erreichbar, so z. B. die in der Höhle von Belmaco (Mazo) oder die in La Zarza (Garafia).

Die Ursprünge kommen von den Guanchen. Es ist eine typische kanarische Sportart, die in einer Mannschaftsstärke von zwölf Kämpfern ausgetragen wird. Es ringen immer zwei miteinander, und zwar in einem Kreis von 9–10 m Durchmesser. Verloren hat derjenige, dessen Körper (außer den Beinen) zuerst den Boden berührt.

Das ist ein sportlicher, man könnte fast sagen höflicher Kampf, mit einer entsprechend begeisterten Fangemeinde.

Wann und wo gekämpft wird, erfährt man im Touristenbüro der Insel.

Sprache

Wer nach La Palma fährt und in den Touristenzentren von Los Cancajos oder Puerto Naos absteigt, kann auf deutsch sein Bier bestellen. Auch ein Gespräch mit dem Strand- oder Apartmentnachbarn kann auf deutsch geführt werden, denn Deutsche, Schweizer und Österreicher geben hier den Ton an.

Der Kontakt zu den Palmeros, solange es nicht Kellner oder Hotelrezeptionisten sind, verläuft allerdings nur uber die spanische Sprache, selbst Englisch ist nur selten anwendbar. Wer ein wenig Castellano, also das Hochspanische, beherrscht, kommt damit bestens durch. Der Palmero wird mit einigen Worten helfen, sollte ein Satz nicht vollständig sein.

Das Spanische innerhalb der kanarischen Inseln variiert übrigens. Das reinste Spanisch sollen die Leute von Hierro sprechen. Es gibt viele Ausdrücke, besonders Begriffe für Gegenstände, die in Spanien oder selbst auf den Nachbarinseln eine andere Bedeutung haben. Aber um diese Feinheiten braucht sich ein Tourist nicht zu scheren, mit Spanisch vom Festland wird er keine Verständigungsprobleme haben.

Strände

Wer auf La Palma ausschließlich einen Badeurlaub verbringen möchte, für den gibt es weit bessere Ziele, u.a. auch die Nachbarinseln Teneriffa und Gran Canaria.

Nach langen, staubig heißen Wanderungen durch palmerische Berglandschaften besteht natürlich der Wunsch, noch dazu angesichts des blauen Ozeans, zu baden. Es gibt zwei offizielle Strände, einen bei Los Cancajos, auch für Kleinkinder geeignet, und den Strand von Puerto Naos. Südlich davon liegt *Charco verde,* und wer unbedingt FKK braucht, kann das in *Las Monjas* haben. Ein sehr lebendiger, auch für Surfer geeigneter Strand, ist Playa Nueva bei Puerto Naos.

Ansonsten gibt es einige versteckt liegende Badebuchten, die schwer zugänglich sein können. Bequem erreichbar sind die Badebuchten beim Leuchtturm von Fuencaliente, südlich vom Flughafen und nördlich der Hauptstadt bei Puntallana.

Eine schöne, am Wochenende jedoch oft überfüllte Schwimmgelegenheit sind die Naturschwimmbecken Charco Azul bei San Andrés und weiter nördlich die Naturschwimmbecken La Fajana bei Barlovento. Vorsicht ist geboten, der Atlantik ist nicht die stille Ostsee und kann tückisch sein. Eine rote Flagge am Strand bedeutet: nicht baden, gelb bedeutet bedenklich, grün bedeutet unbedenklich.

Der Wasserfall Dos Aguas

Übrigens sind Segeln und Surfen um La Palma kaum entwickelt, Schnorchelausrüstung dagegen sollte man mitnehmen.

Wandern

Die Kenner La Palmas kommen immer wieder zum Wandern. Es gibt unendlich viele Möglichkeiten: lange Bergtouren, kurze Strecken, die eher Spaziergängen gleichen, ausgebaute Waldwege und unscheinbare Pfade im Gebirge. Über allem wacht die Icona, die spanische Naturschutzbehörde, deren Hauptquartier in El Paso an der Abzweigung zur Cumbrecita ist. Wer z.B. mehrere Tage in die *Caldera de Taburiente,* den Naturschutzpark, wandern möchte, muß dies bei der Icona anmelden. Das Gelände ist, abseits der Forstwege, nicht leicht zugänglich. Geröllfelder, Vulkanaschenhänge und Felsbrocken, dazu unkenntliche Pfade machen das Wandern nicht leicht. Hinzu kommen rasche Wetterwechsel und starke Winde auf der *cumbre.* Schutzhütten gibt es nicht.

Man braucht eine gute Kondition, Trittsicherheit und natürlich eine entsprechende Ausrüstung. Turnschuhwanderer sollten auf eine Wanderung im schwierigen Terrain verzichten.

Grundsätzlich sollte man sich vor einer längeren Wanderung bei der Icona erkundigen, es gibt dort auch Kartenmaterial in Deutsch und Englisch. Verschiedene Reisebüros auf La Palma bieten Führungen mit deutsch- oder englischsprechendem Personal an. Auch die Icona führt

Wanderungen in der Caldera durch, kostenlos. Auskunft über *Tel. 48 60 00.*

Wasser

Wenn man über die Insel wandert, fallen zwei Dinge besonders auf. Das eine sind die riesigen, offenen Wassertanks in den Bananenpflanzungen, die von der Höhe wie runde Teiche aussehen. Das andere sind die zahllosen oberirdisch verlegten Leitungen, aus denen es melodisch gluckst und die die gesamte Insel vernetzen.

In den Tanks wird das notwendige Wasser für die Bananen gespeichert, das nämlich zu ganz bestimmten Zeiten nach einem komplizierten Zuteilungssystem fließt.

Die Rohre, mitunter waghalsig verlegt, sind die Zuleitungen für Speicher, Häuser, Bodegas, Felder usw. Sie bringen das Wasser aus Kanälen heran; große Zementkanäle laufen vom Norden bis in den Süden über die ganze Insellänge. Das Regenwasser speichert sich übrigens in unterirdischen Berghöhlen, *galerías* genannt, die regelrecht bewirtschaftet werden. Man kann Wasseraktien kaufen oder mieten. Ende der achtziger Jahre haben die Gemeinden begonnen, eigene Leitungen zu verlegen, man kann das Wasser nun über eine normale Wasseruhr beziehen, allerdings nur für den Privathaushalt. Wer ein Stück Land bebaut, ist weiterhin von Wasseraktien bzw. den Aktionären abhängig.

Wein

Der palmerische Wein hat seine ganz große Zeit hinter sich. Schon im 16. Jh. wurde am englischen Hof Wein von den Kanaren, besonders der Malvasía von La Palma getrunken. Damals wurden Fässer vom Hafen im heutigen San Andrés verschifft. Politische Widrigkeiten verschlossen die Märkte für den kanarischen Wein, Krankheiten dezimierten die Rebfläche, und die Emigrationsströme nach Amerika ließen das Land brachliegen.

Heute wird auf La Palma auf kleinen Flächen Wein angebaut. Der Weinbauer macht ihn in erster Linie für sich selbst, es sei denn, er ist einer der wenigen Kooperativen auf der Insel angeschlossen. Die Weine, meist Rotweine, jedoch zusammen mit weißen Trauben gepreßt, sind leicht und trocken. Was der kleine Nebenerwerbswinzer übrig hat, geht in Bars, zu Privatleuten oder zu Kaufmannsläden. Der Bedarf an heimischem Wein, dem von Weinbauern erzeugten *vino del país,* ist kaum zu decken. Hinzu kommt, daß Festlandswein weitaus billiger ist als der La-Palma-Wein, so daß viele Bars letzteren nicht führen. Das ist Grund genug für den Palmero, der seinen Wein liebt, einen Bogen um diese Bars zu machen.

Die beiden größten Kooperativen sind die von Mazo, mit ihrem roten *hoyo de Mazo,* und die Bodegas Teneguía in Fuencaliente. Dort wird in erster Linie Weißwein gekeltert, außerdem der berühmte Malvasía, ein schwerer Likörwein. Die Bodegas Teneguía sind ein moderner Betrieb. Dort kann man auch den Wein probieren.

Wer einheimischen Wein möchte, der bestehe auf *vino del país.* Die Ernte 1995 fiel übrigens katastrophal gering aus.

Speisen wie ein Palmero

Die palmerische Küche ist einfach, doch sie wartet mit manchen Überraschungen auf

Sonntags ist der Tag der palmerischen Familie. Dann geht's hinaus in die Natur, ans Meer oder in die Berge, oder zu einer Fiesta, die irgendwo läuft. Unterwegs wird eingekehrt, in einem Restaurant, einer Bar oder im *kiosco,* der offenen Bretterbude am Meer, mit frischem Fisch, heißen Kartoffeln und kühlem Wein.

Wenn Papa das Grillen liebt und Mama jedesmal der Abwasch bleibt, dann geht es mit Kind und Kegel, mit Kühltaschen voller Getränke, mit Weingarafónes, Thermoskannen und Kuchenpäckchen zu einem der Grillplätze, die die Forstbehörde eingerichtet hat. Früh muß man dort sein, will man noch einen Grillplatz bekommen und sich an den Tischen ausbreiten. Bald zieht das Geschrei der Kleinen, wabern die Düfte gebratenen Fleisches und die Rauchfahnen der Holzfeuer durch die Bäume. Der Sonntag ist wieder einmal gelungen.

Im alten Kern der Hauptstadt Santa Cruz gibt es viele versteckte Winkel mit kleinen Bars. Die Atmosphäre ist gelöst

Während der Woche bleibt die Familie am heimischen Herd, und in den Bars und Restaurants sieht man allenfalls Jungverliebte, Freunde, Geschäftsleute oder Junggesellen essen.

Man kann nicht sagen, daß die Palmeros verwöhnte Feinschmecker sind. Die Älteren erinnern sich noch an die Hungerzeit Ende der vierziger, Anfang der fünfziger Jahre, als nur Kartoffeln, *boniato* und *gofio* auf den Tisch kamen und pro Person $^1/_4$ l Olivenöl monatlich zugeteilt wurde. Das mag die Eßgewohnheiten geprägt haben. Vielleicht auch darum hat die palmerische Küche, die ja eine kanarische ist, für wählerische Gourmets wenige herausragende Gaumenkitzel zu bieten.

Die palmerische Küche ist einfach und wenig variantenreich. Kartoffeln sind konstantes Element der Gerichte. Es gibt sie als in Salzwasser gekochte *papas arrugadas* (Pellkartoffeln vom Salzwasser schrumpelig geworden), als in Öl gebratene *papas fritas* (Bratkartoffeln) sowie in dicken Eintöpfen gekochte oder als Salat mit viel Mayonnaise zubereitete Kartoffeln.

Nicht nur Einheimische gehen gern in solche Weinlokale

Typische Speisen

Die Saucen, *mojos* genannt, bringen unterschiedlich starke Würzungen und Aromen in die Speisen. Die gängigsten sind rote, d.h. pikante *mojos* mit roter Paprikaschote als Basis. Sie werden zum Fleisch gereicht.

Die grünen *mojos,* die *mojos verdes,* mit Koriander als bestimmendem Kraut, kommen zum Fisch auf den Tisch.

Der typisch palmerische *mojo* ist *mojo palmero:* Safran, getrocknete Paprikaschote, Knoblauch, Salz, Kreuzkümmel, Essig und Öl sind die Ingredienzien. Diesen *mojo* bekommt man auch auf den Märkten in kleinen Flaschen.

Wichtig für den Palmero ist ein gutes Stück Fleisch. Schwein ist typisch, aber auch Huhn, Kaninchen und Ziege sind beliebt. Sie werden gebraten oder gegrillt, Huhn auch im Tontopf gegart, zusammen mit einer pikanten Sauce.

Ein einfaches Essen kann also aus Kartoffeln, einem Stück Fleisch mit entsprechendem *mojo* und etwas Gemüse wie etwa *chayote* (einem Baumkürbis), Karotten oder Kohl bestehen.

Gofio, das Mehl aus Weizen, Gerste oder Mais, darf, besonders auf dem Land, zu keiner Mahlzeit fehlen. Dort wird es noch immer in einem aus Ziegenhaut genähten Beutel, dem *zurrón,* unter Zugabe von Wasser gewalkt, bis ein fester Brei entstanden ist. *Gofio* ist sättigend und wird mit Milch, Banane, Honig oder Zukker angereichert. Es wird auch zu Fleischgerichten und zu Eintöpfen als Beigabe gegessen.

Wie in Asturien, wo die Bohnensuppe eine Rolle spielt, ist der kanarische *puchero* nicht wegzudenken vom Speiseplan der Palmeros, besonders in den Wintermonaten. Es ist ein dicker Eintopf, in dem Kohl, Mais, Kürbis, Kichererbsen, harte Wurst,

Fleisch, Kartoffeln und Boniato schwimmen. Dick und schwer muß er sein, am besten auf dem offenen Feuer gegart. Der *potaje* ist ähnlich, weniger reichhaltig und mehr mit Gemüsen gekocht, mit Bohnen, Linsen und Kichererbsen.

Fisch hat auf La Palma seinen Preis und wird schon deshalb weniger häufig gegessen, als man von einer Insel vielleicht erwarten mag.

Es wird frischer Fisch in allen Variationen, also gekocht, gegrillt und gebraten, zubereitet. Daneben ißt man auch häufig *pescado salado,* trockene, eingesalzene Fischstücke, meist *sama* (Brasse), *corvina* (Meerbarbe) und *cherne* (Zackenbarsch). Vor der Zubereitung wird der *pescado salado* gewässert, dann erst gekocht und mit Kartoffel, *boniato* und *gofio* gegessen.

Gebraten oder gegrillt ißt man, je nach Angebot, *chicharros* und *sardinas* (Sardinenarten), *caballa* (Makrele), *sargo* und *boga* (Brassenarten), *bonito* (Thun) und *morena* (Muräne).

Die *vieja,* eine Art Papageienfisch, ist populär und wird gedünstet. Das Fleisch ist weich und weiß. Dazu ißt man *papas arrugadas* und *mojo verde. A la plancha* heißt übrigens auf heißer Platte zubereitet.

Von den Palmeros sehnlichst erwartet wird bei fast jedem Essen das Dessert. Es scheint, als könne es nicht süß genug sein. An erster Stelle steht der *flan,* ein Pudding in Karamelsauce, der hausgemacht wirklich am besten schmeckt.

Qualitativer Tourismus

Unter diesem Schlagwort laufen die Vorstellungen einiger verantwortlichen Politiker für die touristische Entwicklung der Insel. Da ist die Rede von 20 000 Betten für den Fremdenverkehr. Andere träumen gar von 80 000, und wiederum andere sehen die Gefahr einer touristischen Überflutung, die La Palma mit seinen 80 000 Bewohnern nicht verkraften würde. Sie plädieren für weniger Tourismus zugunsten eines gehobenen Publikums, das jedoch mehr Geld auf der Insel läßt – was dann mit »Qualitativem Tourismus« umschrieben wird. Wie das zu machen sei, darüber fehlen oft klare Vorstellungen.

Turismo rural

Mit Hilfe europäischer Projektträger wird auch auf La Palma der Tourismus in weniger entwickelten Zonen der Insel gefördert. Dies bedeutet u. a., daß der Besucher in privaten Häusern der Einheimischen auf Apartmentbasis wohnen kann. So kann man die kulturellen Eigenarten der Inselbewohner hautnah erleben. Es handelt sich durchweg um alte, original kanarische Landhäuser, die stilgerecht renoviert sind. Die Übernachtungspreise sind oft günstiger als in Hotels, mit dem Vorteil, abseits des Touristenstroms und in authentischer palmerischer Umgebung zu wohnen. Welche Gemeinden zu welchen Preisen turismo rural anbieten, erfährt man im Touristenbüro der Insel, *Santa Cruz, Calle O'Daly 22*

Bien me sabe (schmeckt mir gut) ist eine Biskuitschichtung aus Creme, Zucker, Mandeln und Ei. Weitere Berühmtheiten der süßen Küche sind *ñames* mit Zucker oder Honig, *truchas navideñas,* mit Mandeln und Süßkartoffel gefüllte Teigtaschen, und jede Art von Kuchen.

Rapaduras und *queso de almendras* sind auf Mandel- und Honigbasis hergestellte Süßigkeiten.

Getränke

Auf den Speisekarten erscheinen die Getränke unter *bebidas.* Weine und Rum kommen aus La Palma, dazu Liköre aus unterschiedlichen Früchten. *Licor de melocotón* ist Pfirsichlikör, *de naranja* Apfelsinenlikör.

Agua con gas ist Wasser mit Kohlensäure, *agua sin gas* ohne. *Zumo de naranja* ist frisch gepreßter Apfelsinensaft, wie er besonders in Bars zu haben ist.

Bei den Kaffees unterscheidet man den *café solo,* der ist klein, schwarz und stark; *con leche* ist mit Milch und ein *cortado* ein kleiner Espresso, mit einer fingerdicken süßen Kondensmilchschicht auf dem Grund. Ein Kaffee mit Cognac heißt *carajillo,* manchmal gibt es ihn auch mit Rum.

Cognac wird Brandy genannt, und es gibt zahlreiche Marken und Qualitäten. Übrigens sind die Kaffees, obgleich sehr schwarz gebrannt, weniger säurehaltig als in Deutschland.

Bars

Wenige Touristen kehren in die Bars ein, sei es wegen des nicht immer zum Essengehen einladenden Ambiente aus nackten Tischen, laufendem Fernseher und klimpernden Spielautomaten, oder sei es, weil eine Küche dort nicht vermutet wird.

Dabei sind die Bars durchweg preiswerter als Restaurants, und die wenigen angebotenen Gerichte sind hausgemacht. *Tapas,* die kleinen pikanten Happen,

Auf La Palma wird Wein auf kleinen Anbauflächen angebaut

sind überall zu finden. Eine Spezialität sind *chicharrones,* in *gofio* gewälzte Speckgrieben, die warm am besten schmecken.

Aber auch Ziegenkäse, Oliven, *tortilla española* (eine Art Bauernfrühstück), *pulpo en vinagreta* (eingelegter Tintenfisch), *jamón serrano* (luftgetrockneter Schinken) oder ein Teller frischer Muränenstücke werden als Tapas serviert. Dazu trinkt man *vino del país,* direkt vom Faß. Zahnstocher ersetzen manchmal die Gabel, weshalb man bei den Tapa-Gerichten auch vom *para pinchar,* zum Stechen, spricht.

Restaurants

Hier können zwei Arten unterschieden werden, die nicht nur auf Tourismus eingestellten und die reinen Touristenrestaurants, letztere meistens in den entsprechend von Touristen frequentierten Zentren. Dort bekommt man z.B. auch Schweinebraten mit Semmelknödel und Sauerkraut. Bei den Restaurants, die eine überwiegend einheimische Klientel haben, gibt es natürlich ganz verschiedene Standards. Die einen haben dreisprachige Speisekarten, bei den anderen erscheint der Koch und sagt, was es gibt. Einige haben Fisch aus der Tiefkühltruhe, andere Tischdekken mit Brot und abgepackten Butterstückchen drauf, wie sie noch kurz zuvor im Flugzeug angeboten wurden.

Meistens ist das Angebot »kontinental«. Es gibt *solomillo* (Rinderfilet) mit Pommes frites, Hühnchen *(pollo)* gebraten mit Kartoffeln oder Fisch mit Salat. *Mojos* und *papas arrugadas* sind oft die letzten Reminiszensen an die »ur«-palmerische Küche.

Vegetarier kommen in den Restaurants übrigens schwer auf ihre Kosten.

Parrilla

Wo dieses Schild auftaucht, gibt es Gegrilltes: Huhn *(pollo),* Kaninchen *(conejo),* Schwein *(cochino)* oder Ziege *(cabrito)* je nach Saison, auch Fisch – obwohl es für letzteren spezielle Lokale gibt.

Die Parrillas sind oft rustikal, mit einfachen Bretterverschlägen um jeden Tisch, das Zugeständnis an den Wunsch der Gäste, »unter sich sein zu wollen«.

Bodegón

Das ist ein Weinlokal, mit verschiedenen, oft eigenen Weinen und diversen Gerichten, von *tapas* bis Steaks.

Wer mit Palmeros zum Essen ausgeht, wundert sich oft, daß die Rechnung bereits bezahlt ist, bevor man sie ordern kann. Für den Palmero ist es eine Ehre, seinen Gast auch einzuladen. Streit darüber ist zwecklos, und Getrenntbezahlen-Wollen ebenfalls, weil diese Sitte dem Kellner unbekannt ist und eine große Rechenanstrengung für ihn bedeutet.

Märkte

Märkte sind ein beliebter Ort zum Einkaufen. Und dies nicht nur für die Einheimischen. Für ein Picknick sollte man unbedingt *queso blanco,* den frischen Ziegenkäse, probieren, der mitunter auch angeräuchert ist. Dazu *jamón serrano,* Inselfeigen, Oliven, Obst. Es gibt knusprige Brötchen mit Aniskörnchen im Teig, die einige Bäckereien bakken, beispielsweise *pan de Mazo.*

Inselwein wird oft noch in die mitgebrachte Flasche gefüllt.

Stickereien und Zigarren

Auf La Palma gibt es noch ein lebendiges Kunsthandwerk

La Palma – ein Garten Eden, aber kein Einkaufsparadies für die bekannt günstigen kanarischen Elektronikartikel, Juwelen und Kosmetika. Zwar gibt es das alles, in begrenzterer Auswahl als etwa auf Tenerife oder Gran Canaria, doch ein Schnäppchen macht man hier nicht, und Ausgefallenes findet man eher daheim. Wer dennoch ein bißchen stöbern möchte, findet die Boutiquen, Schuhgeschäfte und Souvenirläden mit der größten Auswahl in Santa Cruz und Los Llanos. Die meisten Geschäfte schließen von 13 bis 17 Uhr und haben abends bis 20 Uhr geöffnet, samstags nur bis 14 Uhr.

Wer während der Ferien selber kocht, der findet ein Netz von gut sortierten Supermärkten in allen größeren Gemeinden. Mittlerweile werden auch nordeuropäische Lebensmittel angeboten, wie etwa Schwarzbrot, Dosenwürstchen und Bier.

Auf dem Lande führen die kleinen Läden, die manchmal wie Wohnstuben anmuten, Palmerisches: Ziegenkäse im Anschnitt, Kartoffeln und Boniato, Bananen, getrocknete Feigen, Gofio, Würste und Schinken, frische Brötchen und Wein vom Faß, kurz alles, um sich selbst zu verpflegen.

La Palma hat eine immer noch sehr lebendige Volkskunst. In El Paso beispielsweise kann man zusehen, wie Seide versponnen und gewebt, Zigarren gedreht, Dekken gestickt werden, wo getöpfert und gedrechselt wird. Alle diese Produkte sind natürlich käuflich.

Schöne Mitbringsel sind auch die echt palmerischen Landerzeugnisse: Ziegenkäse, Rum, Feigen, Honig und Meersalz.

Das alles gibt es auf den Märkten in Los Llanos und Santa Cruz, die nur vormittags geöffnet sind. Überhaupt halten die Märkte einige heimische Überraschungen bereit, die immer noch Platz im Reisegepäck finden, wie etwa Kräuter, Mojos, hausgemachte Liköre, subtropische Früchte, Mandeln, Rosinen und getrocknete Feigen.

Eine Besonderheit sind die *ferreterías,* die Eisenwarenhandlungen. Sie sind wahre Fundgruben seltener, längst vergessener Haushaltswaren aus Blech, Holz und Leder.

Zigarren werden von Hand gefertigt

Kein Monat ohne ein Fest

Auf La Palma werden Heilige, Mandeln und Wein gefeiert

Wenn die Böller krachen, ist es wieder soweit, irgendwo steigt eine Fiesta. Traut man dem Inselkalender, dann kommen die Bewohner aus dem Feiern nicht heraus. In jedem Monat gibt es etwas zu feiern, meistens jedoch örtlich begrenzt. Mal ist es ein Schutzheiliger eines Ortes, zu dessen Ehren eine Fiesta stattfindet, mal ist es die Ernte des Weines oder die Mandelblüte, die Anlaß zum Feiern gibt. Bei einer Fiesta wird viel gesungen, kräftig gegessen und getrunken und oft getanzt. In behelfsmäßig aufgestellten Kiosken wird Landestypisches angeboten.

Die angegebenen Termine können sich um Tage verschieben, oft wird das Fest auf den dem eigentlichen Tag nachfolgenden Sonnabend gelegt. Auskunft über die exakten Termine gibt jeweils das Touristenbüro in Santa Cruz.

GESETZLICHE FEIERTAGE

1. Januar *Año Nuevo* (Neujahr)
6. Januar *Los Reyes* (Heilige Drei Könige), mit Umzügen in den Straßen und auf Kamelen einreitenden Königen, die die Kinder beschenken
19. März *San José*
Vor Ostern *Viernes Santos* (Karfreitag)
1. Mai *Día del trabajo* (Tag der Arbeit)
30. Mai *Día de Canarias* (Tag der Kanarischen Inseln)
25. Juli *Santiago*
15. August *Asunción* (Mariä Himmelfahrt)
12. Oktober *Día de la Hispanidad* (Entdeckung Amerikas)
1. November *Todos los Santos* (Allerheiligen)
6. Dezember *Día de la Constitución* (Tag der Verfassung)
8. Dezember *Inmaculada Concepción* (Mariä Empfängnis)
25. Dezember *Navidad* (Weihnachten)

Der Altar in der Wallfahrtskirche Nuestra Señora de las Nieves

LOKALE FESTE

Januar

15. Januar. Puntagorda, San Mauro Abad: Der Ortsheilige wird gefeiert.
17. Januar. Fuencaliente, San Antonio Abad: Die örtlichen Heiligen werden mit Musik und Straßentanz gefeiert.

Februar
Anfang des Monats. Puntagorda: ★ *Mandelblütenfest.* (Der Termin variiert von Jahr zu Jahr.) Viel Folklore, Wein und Tanz aus Anlaß des Beginns der Mandelblüte. Findet meist Ende Februar, manchmal auch erst Anfang März statt.
Santa Cruz und Los Llanos: ★ *Karneval.* Es gibt Straßenumzüge, Musik und Tanz Tag und Nacht.

März
19. März. San José: *Breña Baja.*

April
27. April. San Andrés y Sauces: *Nuestra Señora de Montserrat.* Großes Fest der Schutzheiligen in Los Sauces, mit Straßentanz, Umzügen und Verkaufsständen.

Mai
3. Mai. Santa Cruz, Las Breñas und Mazo: *Día de las cruces.*
15. Mai. San Isidro: *Viehmarkt.* Die örtlichen Bauern bringen ihr Kleinvieh auf den Markt, viele Kioske mit Wein und Tapas.
Ende Mai–Anfang Juni. Mazo: ★ *Corpus Christi* (Fronleichnam). Besonders in Mazo kann man die aufwendigsten Blütenteppiche und Blumenbilder sehen. Etwa eine Woche lang, mit Kunsthandwerkermarkt.

Juni
12. und 13. Juni. San Antonio del Monte (bei Garafia): ★ *große Viehschau,* Prämierung heimischer Produkte und Tanz.

Juli
2. Juli. Los Llanos: *Nuestra Señora de los Remedios* (alle ungeraden Jahre). Großes Volksfest in den Straßen zu Ehren der Patronin.
16. Juli. Tazacorte: *Nuestra Señora del Carmen.*
Alle 5 Jahre: Santa Cruz: ★ *Bajada de la Virgen* (2000 nächstes Mal)

MARCO POLO TIPS FÜR VERANSTALTUNGEN

1 Mandelblütenfest in Puntagorda
Großes Volksfest zu Beginn der Mandelblüte in dem pittoresken Dorf Puntagorda (Seite 32)

2 Karneval
Besonders in Santa Cruz und Los Llanos geht die Post ab, Karneval mit karibischem Einschlag (Seite 32)

3 Corpus Christi
Speziell in Mazo sieht man die herrlichsten Blütenteppiche (Seite 32)

4 San Antonio del Monte
Viehschau mit großem Volksfest unter freiem Himmel, zwei Tage großer Andrang oberhalb von Garafia (Seite 32)

5 Bajada de la Virgen
Das größte Volksfest der Insel überhaupt findet nur alle fünf Jahre statt, das nächste Mal 2000. Viele Emigranten nehmen diese festliche Gelegenheit für eine kurzfristige Rückkehr wahr (Seite 32)

Die Bajada – das größte Fest der Insel

Wenn der städtische Aufruf in der Zeitung erscheint, die Häuser nachzuweißen, wenn die Flüge von Venezuela nach La Palma über Monate ausgebucht sind und die kanarischen Musikgruppen besonders häufig üben, ist es wieder soweit. Die Bajada kommt, seit 320 Jahren, Ende Juni bis Anfang August.

Als im Jahre 1676 eine große Dürre La Palmas Landwirtschaft niederdrückte, entsann man sich der Heiligen Jungfrau von Las Nieves. Die kleine Terrakottafigur wurde von Las Nieves hinunter in die Stadt getragen, um Regen zu erbitten. Und der kam! Seitdem wird diese Prozession, das Hauptereignis der Bajada, alle fünf Jahre wiederholt, das nächste Mal 2000.

Ende Juli. Fuencaliente: *Weinfest.*
Letzter Sonntag. Puerto Espíndola: *Fiesta de la Carmen.*

August

5. August. Fuencaliente und Santa Cruz: *Nuestra Señora de las Nieves.*
19. August. El Paso: *Nuestra Señora del Pino.* Das Fest wird alle drei Jahre gefeiert.
23. August. Garafia: *Nuestra Señora de la Luz.*

September

Erstes Wochenende. Tijarafe: *La Candelaria.*
Ende September. Tazacorte: *San Miguel.*

Oktober

Im Oktober. Barlovento: *El Rosario.*

November

11. November. San Martín: In den Bodegas wird der neue Wein angestochen.
30. November. San Andrés: Der Patron von San Andrés und Los Sauces wird gefeiert.

Dezember

13. Dezember. Puntallana: *Santa Lucía.*

Karneval wie in der Karibik

Der palmerische Karneval hat viele Anleihen in Farben und Musik aus der Karibik, dem traditionellen Auswandergebiet der Palmeros. Eine Woche wird auf den Straßen nach Salsabands getanzt. Umzüge stampfen stundenlang durch die Straßen, und man bewirft sich nach altem Brauch mit weißem Talkumpuder. Karnevalsköniginnen treten in Los Llanos und Santa Cruz ihre Regentschaft an, und ansonsten ist das normale Leben fast außer Kraft gesetzt. Man taumelt von der einen Tanzveranstaltung zur nächsten, und erst am Aschermittwoch ist das alles vorbei, mit der sogenannten Beerdigung der Sardine, einer Riesenfischattrappe, die im Hafen von Santa Cruz in Flammen aufgeht, unter großem Wehgeschrei des Publikums. Dann heißt es wieder ein Jahr lang warten.

Tiefe Schluchten und fruchtbare Ebenen

Reich an Kontrasten und arm an Besuchern – der lang vergessene Nordosten

Der Nordosten war lange schwer zugänglich, die erste Asphaltstraße war erst in den fünfziger Jahren fertiggestellt worden. Tiefe *barrancos* (Schluchten) erschwerten die Kommunikation der Menschen untereinander. Erst 1992 wurden im äußersten Norden die letzten Straßenbauarbeiten in Angriff genommen.

Der Nordosten hat den höchsten Jahresniederschlag; bis über 1000 mm Regen fallen dort (in Santa Cruz nur 600 mm). Besonders im Winter wird er von kalten Nordost-Stürmen heimgesucht, und die Sommer sind relativ kühl.

Blick auf Santa Cruz und die umgebenden Berghänge

Tiefe Schluchten durchziehen diesen geologisch ältesten Teil der Insel, die Wände sind schroff und fallen senkrecht ab. Dichte Lorbeer- und Pinienwälder erinnern an nordische Lande. Die Menschen leben von der Landwirtschaft und Ziegenhaltung.

Viel reicher dagegen ist die Gegend um Los Sauces. Früher wurde hier Zuckerrohr angebaut, heute Bananen, Ñames, Kartoffeln, Zwiebeln und Boniato. Aus der Zuckerzeit stammen noch ei-

Hotel- und Restaurantpreise

Hotels

Kategorie 1: über 6500 Ptas
Kategorie 2: 4000–6500 Ptas
Kategorie 3: 2000–4000 Ptas

Die Preise gelten für zwei Personen im Doppelzimmer pro Nacht. Für Einzelzimmer müssen Sie mit einem Aufschlag rechnen. Frühstück ist nur in Kategorie 1 eingerechnet.

Restaurants

Kategorie 1: 1500–2000 Ptas
Kategorie 2: 1000–1500 Ptas
Kategorie 3: unter 1000 Ptas

Die Preise gelten für ein Hauptgericht.

Wichtige Abkürzungen

Avda. Avenida
Ptas Pesetas

nige kleine Rumfabriken, die den heimischen Rum erzeugen.

Die Küste ist schroff, und nur der kleine Hafen Puerto Espíndola bietet ein paar Fischerbooten Schutz.

Der Reiz des Nordostens liegt in seiner urwüchsigen Landschaft mit den weiter südlich gelegenen Landwirtschaftszonen als Kontrast.

SAN ANDRÉS Y SAUCES

(**E–F 2**) Im Nordosten ist San Andrés y Sauces, eine Doppelgemeinde, der größte Ort in der Region, mit ungefähr 5500 Ew. Die Landwirtschaft dieser Gegend hat die Bewohner genauso geprägt wie die Abgeschiedenheit der Region und eine relative Unabhängigkeit von der Hauptstadt über lange Jahrzehnte.

Die Menschen sind landorientiert, fleißige Bauern mit Stolz und Unabhängigkeitsbewußtsein. Zwischen den Dörfern der heutigen Doppelgemeinde gab es schon immer eine gewisse Rivalität. Ältere Einwohner, die es wissen müssen, berichten, daß die Leute von San Andrés immer besonders fein gekleidet waren und sich gebildet gaben, dafür aber nie Geld in der Tasche hatten. Die Sauceros hingegen seien weniger gebildet gewesen, hätten jedoch immer volle Taschen gehabt.

Der schönere und kleinere Ort ist San Andrés, neben Santa Cruz übrigens die älteste Ansiedlung der Insel. Das Dörfchen liegt unten am Meer, eingebettet zwischen Bananenplantagen. Hier gibt es eine schöne alte Kirche mit einer stillen Plaza und viele traditionelle kanarische Häuser.

Los Sauces liegt oberhalb, etwa 300 m hoch, von hier hat

MARCO POLO TIPS FÜR DEN NORDOSTEN

1 Santa Cruz
Die Inselhauptstadt mit ihren kleinen Winkeln ist ein historisches Abbild La Palmas (Seite 39)

2 Las Nieves
In dieser kleinen Kirche steht die älteste Heiligenfigur der Insel, die alle fünf Jahre Mittelpunkt des größten Festes ist (Seite 47)

3 La Galga
Von der Montaña de La Galga hat man einen Rundblick über den Nordosten (Seite 47)

4 Charco Azul
Naturschwimmbecken hinter tosender Brandung (Seite 38)

5 Los Tilos
Tiefe Schlucht im Lorbeer- und Farnwald (Seite 39)

6 La Fajana
Ein verschlafener, urpalmerischer Weiler an der wilden Nordküste (Seite 38)

7 Casas Roque Faro
Dichte Wälder und Ziegen mit ihren Hirten (Seite 38)

Naturschwimmbecken Charco Azul

man einen phantastischen Blick über Bananenplantagen hinunter zum Meer.

BESICHTIGUNGEN

Iglesia de Nuestra Señora de Montserrat

Eine große Kirche mit vielen Kunstschätzen der flämischen Epoche und mit Skulpturen aus dem 16. Jh. Auf dem Kirchenvorplatz blühen im Juni blaue Jakarandabäume. *Los Sauces, Hauptstraße, unregelmäßig geöffnet*

Iglesia de San Andrés

Die Kirche von San Andrés hat einige schöne barocke Gemälde aus dem 17. und 18. Jh. und Silberschmiedearbeiten. *San Andrés, Plaza, unregelmäßig geöffnet*

Plaza Los Sauces

Im Ortszentrum liegt, über der Hauptstraße etwas erhöht, eine gepflegte Plaza mit Bäumen und Bepflanzungen. Unter der Plaza befindet sich ein kleines Café. *Kategorie 3*

RESTAURANTS

Bar Caribe

Dies ist eine ruhig gelegene Bar mit Restaurant. Heimische Küche. *Los Sauces, oberhalb der Plaza, Kategorie 3*

San Andrés

Hier kann man draußen sitzen, auf dem Kirchplatz. Es gibt oft Fischgerichte und anderes aus heimischer Küche. *San Andrés, bei der Kirche, Kategorie 2*

EINKAUFEN

Rumfabriken

Kurz vor dem Hafen von Espíndola, von San Andrés kommend an der scharfen Linkskurve, gibt es eine kleine Rumfabrik. Eine andere, *Destilerías del Valle,* liegt etwas oberhalb, in Richtung Los Sauces. In beiden Fabriken kann man den Abfüllvorgang verfolgen und die Anlage besichtigen und natürlich Rum kaufen. Die Hauptsaison für die Produktion ist im Frühjahr.

HOTELS

In dieser Ecke der Insel gibt es nur wenige geeignete Unterkünfte. Als Ausgangspunkt für die Region bietet sich das komfortable Hotel Palma Romántica in Barlovento an.

Hotel Restaurant Palma Romántica
Liegt in einer aussichtsreichen Gegend oberhalb Barloventos. Man sollte daran denken, daß es hier schon relativ kühl sein kann. Tennis und Whirlpool. Deutschsprachige Leitung. *Barlovento, Tel. 18 62 21, 34 Zi., Kategorie 1*

Pension San Andrés
Gehört zum gleichnamigen Restaurant, direkt an der Kirche, einfach und ruhig. *Calle Plaza 12, Tel. 45 16 24, 2 Zi., Kategorie 3*

SPIEL UND SPORT

Unterhalb von San Andrés, hinter der Bananenpackerei (ausgeschildert), liegt ★ Charco Azul mit seinen vom Meer abgetrennten Schwimmbecken. Besonders in der Woche herrscht wenig Betrieb. Es gibt Duschen, Umkleideräume, Planschbecken und eine kleine Bar *(Kategorie 3)*. Das Baden im Meer selbst ist dort gefährlich. *Tagsüber geöffnet, Eintritt frei*

ZIELE IN DER UMGEBUNG

Barlovento **(E 2)**
Der Ort liegt schon auf 500 m Höhe. Hier beginnt der Weg in den nördlichsten Teil der Insel. Man kann über die enge, durch Tunnel führende und reizvolle Naturpiste Richtung Garafia gelangen oder aber die neue Teerstraße nehmen, die in Barlovento rechts abgeht (Ausschilderung Gallegos) und bei Roque Faro herauskommt (manchmal wegen Steinschlag gesperrt). Barlovento hat eine schöne Kirche, den *Templo de Rosario,* mit einem aus Sevilla stammenden, 1679 errichteten Taufbecken.

Casas Roque Faro **(C 2)**
★ Einige Häuser und eine Bar mitten im Wald über die obere, alte Piste am besten zu erreichen, ca. 14 km von Barlovento in Richtung Garafia. Ausgangspunkt für Wanderungen oder einfach für ein Verweilen unter hohen Lorbeerbäumen und Pinien. Die urige Bar Los Reyes *(Kategorie 3)* bietet als Spezialität oft Kaninchen und dazu Wein aus Teakholzfässern, den vino de tea, die ihn geharzt schmecken lassen.

Franceses **(D 2)**
Abgelegen vom Getriebe, dem harten Nordwind ausgesetzt, liegt der Weiler Franceses. Hier wird auf kleinen Feldern Landwirtschaft betrieben, und im Schatten der Häuser sitzen die Männer und rauchen. In einer kleinen Bar *(Kategorie 3)*, eher ein Kaufmannsladen, gibt es Kaffee und Getränke – und einen Fernseher.

La Fajana **(D 2)**
Von Franceses führt eine wildromantische, enge und steile Piste hinunter nach ★ La Fajana auf Meereshöhe. Dort stehen nur eine Handvoll Häuser. Es gibt eine kleine Bananenpflanzung und einen von Bäumen beschatteten Strand unter der Steilküste, auf der die Bananen wachsen.

Der berühmte Wald in der Nähe von Los Tilos

Die vielen in der Brandung liegenden Felsen lassen das Schwimmen jedoch nicht zu.

Los Tilos **(E 3)**
Wenige Kilometer südlich von Los Sauces geht es links nach ★ Los Tilos. Hier beginnen die Farn- und Lorbeerwälder; ein Bach plätschert im Unterholz. Ein Restaurant, im Sommer geöffnet *(Kategorie 3)*, und ein kleiner Picknickplatz unter mächtigen Lorbeerbäumen sind für eine Rast ideal. Seit 1985 von der Unesco als Biosphärenreservat ausgezeichnet.

Naturschwimmbecken La Fajana **(E 2)**
Der 4 km lange Weg dorthin ist am nördlichen Ende von Los Sauces ausgeschildert. Es gibt einige Schwimmbecken hinter der von Felsen abgeteilten Ozeandünung, Duschen, einen kleinen Campingplatz, ein Restaurant mit Namen »La Gaviota« *(Kategorie 2)* sowie einige Apartments. *Apartamentos La Fajana, Tel. 41 37 61, Kategorie 3*

Puerto Espíndola **(F 2)**
Dieser kleine Hafen, unterhalb von Los Sauces gelegen, hat schon belebtere Jahre gesehen, als es nämlich die Landstraße nach Santa Cruz noch nicht gab und die landwirtschaftlichen Produkte der Region mit kleinen Transportschiffen auf dem Wasserweg nach Santa Cruz geschafft wurden. Heute sind nur wenige kleine Fischerboote dort.

Dicht am Hafen steht das renovierte ◉ Restaurant *El Mesón del Mar (Kategorie 2)*. Es gibt gute Fischgerichte und Pulpo, am Wochenende ist es ein beliebter Familientreff.

Stausee Laguna de Barlovento **(E 2)**
Kurz hinter Barlovento, auf der alten Strecke in Richtung Garafia, wird seit Jahren an einem künstlichen See gearbeitet, der als Wasserspeicher dienen soll. Er hat die Größe mehrerer Fußballfelder. Hier gibt es auch ein Freizeitgebiet mit Campmöglichkeit. Ein kleines Restaurant hat bereits geöffnet, *Kategorie 3*.

SANTA CRUZ

(F 5) Einen umfassenden Gesamtblick der Inselhauptstadt erhält man, wenn man mit der Frühfähre aus Tenerife kommt und langsam auf ★ Santa Cruz zufährt. Die Sonne scheint morgens vom Meer aus auf die Hauptstadt. Die weißen Häuser strahlen am Ende des blauen Meeres und vor der Kulisse der dunklen Berghänge. Das Schiff fährt direkt in die Stadt hinein. Die Post, das Finanzamt, die Hauptstraße mit einem lebhaften Verkehr, das Gebäude der Inselregierung, alles liegt in Steinwurfnähe.

Die meisten Besucher kommen jedoch mit dem Flugzeug an, und sie erleben ein ganz anderes Santa Cruz. Über eine neue, breite Avenida geht es in die Stadt. An einem Kreisel, eben vor dem Postamt, stockt der Verkehr an der ersten Ampel, und man kann schon einmal die aus dem Ende der achtziger Jahre stammende Errungenschaft der Hauptstadt betrachten, einen riesigen Springbrunnen mit neun schräg abgeschnittenen, viereckigen Marmorsäulen. Er sieht aus wie eine Verlegenheitslösung für die Gestaltung der *Plaza de la Constitución,* und nur die seltenen Male, wo seine Fontänen zusammen mit bunter Illumination eingeschaltet sind, kann man seinen Sinn erkennen. Es fällt einem viel Altes, Historisches ins Auge. Schöne Bürgerhäuser, einige Kolonialbauten, Holzbalkone, Kirchen aus dem 16. Jh., kleine Plazas und, ganz im Kontrast zum Brunnen der Gigantomanie am Stadteingang, auch solche, die mit bescheidener Fontäne in uraltes Gestein plätschern. Santa Cruz lebt von Traditionellem.

Santa Cruz hat rund 18 000 Ew. und ist im Jahre 1993 fünfhundert Jahre alt geworden. Es gibt viele *rincones,* kleine verträumte Winkel. Die Atmosphäre ist verschlafen und gelöst, bis auf den dröhnenden Autoverkehr, der am Rande der Stadt zwischen denkmalsgeschützten Häusern und dem Meer entlangläuft.

Plaza España in Santa Cruz

BESICHTIGUNGEN

Avenida Marítima

Sonne, Palmenrauschen im Wind, der Geruch des nahen Ozeans und die Straßencafés auf dem belebten Gehweg geben der ✶Haupt-Durchgangsstraße das Flair des Südens. Der Verkehrslärm ist ohrenbetäubend, aber für die Palmeros kein Anlaß, sich hier nicht mit Freunden zu treffen, zu flanieren oder die morgendliche *copa* zu trinken.

Weiter in Richtung Norden wird es etwas ruhiger. Eisenwarengeschäfte und Autozubehörläden lösen die Bars ab, und Santa Cruz' meistfotografierte Meile, die unter Denkmalschutz stehenden Häuser mit ihren Balkonen, säumen hier die Avenida. Die Häuser wurden 1994 in bunten Pastellfarben gestrichen.

Barco de la Virgen Santa María

Aus Zement erbaut, soll »das Schiff der Jungfrau« mit dem Namen Maria eine Nachbildung der Kolumbus-Karavelle sein, die ihn über den Ozean brachte. Im Unterdeck beherbergt sie ein kleines Schiffahrtsmuseum, doch ihre eigentliche Rolle spielt die Maria zusammen mit dem wenige hundert Meter höher liegenden Kastell. Dies leider nur alle fünf Jahre, anläßlich des größten Inselfestes, der »Bajada de La Virgen«, das 2000 wieder gefeiert wird. *Hinter der Plaza Alameda, Eintritt 100 Ptas*

Calle O'Daly

Im Volksmund heißt diese Straße auch *Calle Real.* Noch im Jahre 1981 war sie eine Hauptverkehrsstraße, mit Autos und Lieferwagen verstopft, die Menschen auf die schmalen Bürgersteige verdrängt. Seitdem die ganze Straße für den Autoverkehr gesperrt wurde, ist sie ein Reich der Fußgänger geworden. Hier trifft man garantiert jeden, den man schon immer einmal wiedersehen wollte.

Banken, Haushaltswarengeschäfte, Andenkenläden, Friseure, Bars und Boutiquen, kurz alle, die auf Laufkundschaft aus sind, haben in dieser Straße ihre Geschäfte. Zudem stehen hier viele alte Stadthäuser, mit manchem Durchblick in dichtbewachsene Hinterhöfe.

Casa Consistorial (Rathaus)

Eines der herausragenden Gebäude der Stadt ist das Rathaus. An ihm wurde 1560–63 gebaut. Für die Renaissancefassade mit schattigen Arkaden, dem Inselwappen und dem Wappen des österreichischen Hofes wurden Quadersteine aus Gomera verwendet. Im Innern gibt es kunstvolle Holzvertäfelungen, am Treppenaufgang ein großes Wandgemälde mit Szenen aus dem palmerischen Landalltag von Cossío. *Das Rathaus liegt in der Calle Real in Richtung Norden, auf der rechten Seite der Plaza España. Mo–Sa 8–13 Uhr*

Casa Salazar

Dieses Haus, eher ein kleiner Palast, ist eine der vielen baulichen Hinterlassenschaften der großen palmerischen Familien. Das Gebäude im Stil der Kolonialzeit mit seiner strengen Fassade aus Quadersteinen wurde zwischen 1631 und 1642 gebaut. Der stolze Palast war eine Mitgift zur Hochzeit zwischen Don Ventura Salazar de Frias, einem der Granden

La Palmas, und Doña Leonor de Sotomayor van Dale, einer Dame aus ebenso reichem Geschlecht.

Inzwischen renoviert, kann man im Innern einen großzügigen Hof, mehrere Stockwerke mit kanarischen Holzdecken und Holzgeländern bewundern. In diesem vornehmen Ambiente finden oft Ausstellungen statt, und das Touristenbüro der Insel hat seinen Sitz dort. *Calle O'Daly, Mo–Fr 8.15–13.15 Uhr*

Castillo de Santa Catalina

Dieses Castillo liegt am nördlichen Ende der Avenida Marítima. Nachdem der französische Pirat Le Clerc die Stadt überfallen, geplündert und teilweise angezündet hatte, machte man sich daran, eine Festung gegen die notorischen Piratenüberfälle zu errichten. Der erste, der die Wirkung der Festungskanonen zu spüren bekam, war Francis Drake. Ihm wurde ein Schiff aus seiner Flottille herausgeschossen. Das Castillo steht unter Denkmalschutz und hat lange ein Museum beherbergt. *Avenida Marítima, zur Zeit geschl.*

Iglesia El Salvador (Erlöserkirche)

Gegenüber dem Rathaus steht die Hauptkirche der Stadt, aus dem 16. Jh., im Renaissancestil erbaut. Neben vielen äußeren Details – die steinernen Köpfe über dem Portal z.B. stellen die Häupter von Petrus und Paulus dar – hat die Kirche im Innern bedeutende Kunstschätze wie Gemälde und Skulpturen. Die Decke im schönsten Mudejarstil ist die prächtigste auf den Kanarischen Inseln. *Tagsüber geöffnet, Eintritt frei*

Iglesia de San Francisco

Oberhalb der *Plaza Alameda* steht die Kirche des heiligen Francisco. Sie wurde, zusammen mit dem anliegenden Kloster, 1508 auf Anordnung der spanischen Königin Juana errichtet.

Viele flämische Gemälde und Skulpturen des 16. und 17. Jhs. sowie die traditionelle kanarische Innenarchitektur gehören zu den Schätzen dieser Kirche.

Sehenswert ist der sich anschließende Klosterkonvent, wo das Inselmuseum untergebracht ist. *Oberhalb der Plaza Alameda, die Kirche ist unregelmäßig geöffnet*

Iglesia de Santo Domingo

Einen Block oberhalb der *Calle Real* steht eine weitere bedeutende Kirche der Stadt. Sie besitzt auf der Insel die größte Sammlung barocker Skulpturen und flämischer Gemälde, z.B. auch von Ambrosius Franken. Die Iglesia de Santo Domingo stammt ebenfalls aus dem 16. Jh. Auf dem Vorplatz finden oft Konzerte von Folklore bis Rock statt. *Calle Apuron, unregelmäßig geöffnet*

Mercado (Markthalle)

In der *Avenida El Puente,* die früher ein im Winter wassergefüllter *barranco* (Schlucht) war, befindet sich die Markthalle. Es ist ein hoher, lichter Bau, freilich ohne Besonderheiten. Der Markt hat nicht die Farbenpracht anderer Märkte, wie z.B. der in Santa Cruz de Tenerife.

Aber man kann sich hier einen guten Überblick über das Angebot an Gemüse, Früchten, Käse, Fleisch und Fisch verschaffen. Die umliegenden kleinen Geschäfte mit ihrer Stammkundschaft und dem Palaver zwischen

Verkäufer und Kunde sind ein letztes Stück Vor-Supermarktzeit. Freitags und sonnabends gibt es vor der Markthalle einen kleinen Blumenmarkt. *Avda. El Puente, tgl. außer So 8–14 Uhr*

Oberstadt

Selten verirren sich Touristen in das Gebiet oberhalb der *Calle Real,* die engen Gassen hinauf. Die Straßen *San Telmo, Calle de la Luz* oder *Nogales* und die vielen Verbindungsgäßchen zwischen ihnen sind durchaus einen Besuch wert. Hier gibt es kleine Nachbarschaftsläden, stille Plätzchen, dicke Katzen, flatternde Wäsche und die Düfte der palmerischen Küche. Alles ist sehr anmutig.

Plaza Alameda

Ein Platz zum Ausruhen, am Ende der *Pérez-Brito-Straße.* Ein kleiner Kiosk bietet Kaffee und anderes, hohe Bäume spenden Schatten. Der Platz liegt etwas erhöht, so daß man vom unmittelbaren Autoverkehr verschont ist. Er ist auch ein guter Ausguck für die Karnevalsumzüge, die hier beginnen bzw. enden.

Auf der Südseite steht ein Gedenkstein mit Kreuz zur Erinnerung an die Niederschlagung der Guanchen im Jahre 1493.

Plaza España

Kein Ort in Spanien ohne diesen Platz! Auf der Ostseite steht das Rathaus hinter einer Reihe von Königspalmen, gegenüber die Erlöserkirche. Der in Stein erstarrte Herr in der Mitte des Platzes ist Manuel González Días, der als Mönch zur palmerischen Kultur viel beigetragen haben soll.

Puerto Pescador (Fischereihafen)

Ungefähr 1 km von der Post, in Richtung Süden, liegt der Fischereihafen. Vom erhöht liegenden Bürgersteig hat man einen Blick auf die Boote und die arbeitenden Fischer.

In diesem Hafen liegen häufig auch Segelyachten auf der Durchreise. Kleine Bar mit Tapas *(Kategorie 3).*

MUSEEN

Casa de Jorós

Altes, palmerisches Stadtwohnhaus, eingerichtet im Stil des späten 18. Jhs. Es wird auch Kunsthandwerk angeboten. *Calle Dr. Santos Abreu 25, 10–13 Uhr, Eintritt frei*

Museo insular

Dieses Inselmuseum zeigt einen Querschnitt der palmerischen Kultur. Es befindet sich im Annex der Kirche San Francisco, im ehemaligen Klosterkonvent, der auch schon einmal dem Militär als Unterkunft diente.

Am interessantesten ist die volkskundliche Abteilung. Hier sieht man die palmerischen Kunsthandwerke im Modell, wie Seidenweben, Töpfern, Strohflechten, Zigarrendrehen usw. So informiert, wird man die Insel viel bewußter erleben. *Plaza San Francisco, Mo–Fr 9.30–14 Uhr, Sa 10–12 Uhr, Eintritt frei*

Museo naval

Dies ist ein Seefahrtsmuseum, das im Bauch der Maria – des Nachbaus der Kolumbus-Karavelle – untergebracht ist. Es zeigt Maritimes, z.B. Seekarten, Schiffspläne, Bilder und Geräte aus der Seefahrt. *Mo–Fr 9.30 bis*

14 Uhr, Sa 10–13 Uhr, Eintritt 100 Ptas

RESTAURANTS

Für eine Stadt wie Santa Cruz gibt es nur ein verhältnismäßig kleines erwähnenswertes Restaurantangebot. Deshalb sind hier auch solche Adressen aufgenommen worden, die nicht unmittelbar in der Stadt, sondern einige Kilometer entfernt liegen.

Bar Slogan

Eine lebendige Bar mit guten *tapas* und gemischtem Publikum. Man kann draußen sitzen. *Avda. Marítima 24, tgl. 9–23 Uhr, Kategorie 2*

Los Braseros

Bar Restaurante in Mirca, Richtung Observatorium (ist ausgeschildert). Typische kanarische Speisen, rustikal. *Mirca, Hauptstraße zum Roque, 10–23 Uhr, tgl. außer Di, Kategorie 2*

Cafeteria La Palma

Lebhafte Bar mit gemischtem Publikum. Hier kann man gut frühstücken. *Calle O' Daly 21, tgl. außer So 9–20 Uhr, Kategorie 3*

Canarias

Großes Restaurant mit preiswerten kanarischen und kontinentalen Gerichten. Die Speisekarten sind mehrsprachig, das Essen eher

Typische Aussicht im Nordosten von La Palma

anspruchslos. *Avda. Marítima/El Puente, tgl. 9–23 Uhr, Kategorie 2*

Casa Goyo

Das einzige reine Fischrestaurant in der Umgebung. *Kurz hinter dem Flugplatz Richtung Süden, tgl. außer Mo 12–16 und 18–23 Uhr, Kategorie 2*

Papirusa Bar

Eine alte palmerische Bar, inzwischen mit modernisierter Einrichtung. Service und *tapas* sind wie früher. *Avda. Marítima, tgl. 9–23 Uhr, Kategorie 3*

Pizzeria Alameda

Wer einmal eine Pause von gebratenem Fleisch und *papas arrugadas* einlegen möchte: Pizzas und Nudelgerichte gibt es in dieser von Österreichern geführten Pizzeria. Das Lokal wird auch von Palmeros angenommen, so daß es ein recht gemischtes Publikum gibt. *Plaza Alameda, tgl. außer Do ab 19 Uhr, Kategorie 2*

La Placeta

Dieses Café und Restaurant liegt in einem alten kanarischen Haus am Rande eines kleinen Platzes. Treffpunkt vieler Touristen. *La Placeta, Calle Pérez Brito, tgl. 9 bis 23 Uhr, Kategorie 2*

El Pulpo

Eine Bretterbude, die sich im Umfeld von Los Cancajos wie der Wolf in der Schafsherde ausnimmt. Am Strand. Es gibt kanarische Küche und *camarones* (Krabben) als *tapas.* Gemischtes Publikum. *Playa de los Cancajos, mittags–22 Uhr, Kategorie 2*

Tajurgo

Hier ist es zu jeder Tageszeit lebendig. Große Bar mit *tapas* und kleinen Gerichten. Es gibt eine lange Theke, aber auch mit Decken gedeckte Tische. Das Personal ist äußerst routiniert. *Gegenüber der Markthalle, tgl. 9–23 Uhr, Kategorie 3*

EINKAUFEN

Die Öffnungszeiten der Geschäfte variieren mitunter, je nach Laune der Ladeninhaber oder nach Sommer- bzw. Winterzeit. Grundsätzlich öffnen die meisten Geschäfte um 9 Uhr und schließen um 13 Uhr. Nachmittags öffnen sie wieder um 17 Uhr und schließen um 20 Uhr.

Artesanía Tamanca

Palmerisches Kunsthandwerk, u.a. *bordados,* die Stickereien der Insel. *Calle O'Daly 29, 9–13 Uhr und 17–20 Uhr*

Casa Fídio

Bücher- und Zeitschriftenladen. Hier gibt es Literatur über La Palma. *Calle O'Daly 4, 9–13 Uhr und 17–20 Uhr*

Libreria Trasera

Schöne kleine Buchhandlung mit breitem Angebot. *Calle Alvarez Abreu 27, 9–13 und 17–20 Uhr*

Tabacos Vargas

Hier werden Zigarren aus eigener Herstellung zum Verkauf angeboten. Alles in einem schönen kanarischen Haus. *Avda. Marítima 54, Mo–Fr 9.30–13 Uhr und 16 bis 19.30 Uhr*

HOTELS

Canarias, Hostal Residencia

Zentral und trotzdem ruhig gelegen. *13 Zi., Cabrera Pinto 21, Tel. 41 31 82, Kategorie 3*

Hacienda San Jorge
Sehr gepflegte Apartmentanlage in Los Cancajos. Pool, Garten, Sauna, Restaurant. *Los Cancajos, 155 Apartments, Tel. 43 40 75, Fax 43 45 28, Kategorie 1*

La Fuente, Apartamentos
Deutsch geführtes Haus in zentraler und ruhiger Lage. Einige Apartments haben Meeresblick, Dachterrasse zum Sonnen. *9 Apartments, Pérez de Brito, Tel. 41 56 36, Kategorie 2*

Marítimo, Hotel
Ein neues Hotel am nördlichen Ende der Avda. Marítima. Restaurant. *67 Zi., Avda. Marítima, Tel. 41 63 40, Kategorie 1*

Parador Nacional de Turismo
Staatlich geführtes Haus, leider nicht so idyllisch wie viele andere spanische Paradores. Zentral gelegen, Restaurant. *32 Zi., Avda. Marítima, Tel. 41 23 40, Kategorie 1*

Pensión La Cubana
Ältestes Haus dieser Art in Santa Cruz. Dunkle Zimmer in einem alten kanarischen Haus, liegt in der Fußgängerzone. Englisches Management. *7 Zi., Calle O'Daly 24, Tel. 41 13 54, Kategorie 3*

SPIEL UND SPORT

In dieser Beziehung hat Santa Cruz für den Touristen wenig zu bieten. Einige Einheimische baden im Fischereihafen, die Wasserqualität ist anderswo besser. Das über dem Frachthafen liegende Schwimmbad ist ein Privatclub. Der nächste Badestrand befindet sich in der Ferienanlage Los Cancajos, etwa 4 km von Santa Cruz entfernt.

AM ABEND

Im Winter gibt es hin und wieder Theater- und Musikaufführungen im *Teatro Chico* neben der Markthalle. Programme dazu hat jeweils das Touristenbüro ausliegen. Außerdem gibt es mitunter Kunstausstellungen in der *Casa Salazar;* ferner *lucha canaria,* jedoch außerhalb von Santa Cruz.

Die Abende in Santa Cruz sehen eher trostlos aus, es sei denn, man begnügt sich mit einem Spaziergang am Meer oder einem Restaurant- bzw. Barbesuch. Doch die meisten Bars stellen um 23 Uhr die Stühle auf den Tisch, bis auf einige lärmende Treffpunkte, die aber nichts Besonderes an Unterhaltung bieten. Ein Kino gibt es in der El Puente, auf der linken Seite. Wer scharf auf eine Disko ist, findet gleich zwei in Los Cancajos, wo hauptsächlich am Wochenende Betrieb ist. Man sollte jedoch keine allzu großen Erwartungen an die Originalität dieser Diskos stellen.

AUSKUNFT

Für alle Angelegenheiten in touristischer Hinsicht ist das Touristenbüro in Santa Cruz zuständig. *Calle O'Daly 22, in der Casa Salazar, tgl. außer Sa und So 8.15–13.15 und 15–19.15 Uhr, Tel. 41 21 06*

ZIELE IN DER UMGEBUNG

Los Cancajos **(F 6)**
Anfang der 80er Jahre gab es hier eine Bretterbude am Strand, einige Bananenanpflanzungen und wenige, verstreut liegende Häuser. Dann begann die planvolle Erschließung der Insel, und Los Cancajos wurde von einigen In-

vestoren und den Behörden als Standort ausgeguckt.

Heute ist Los Cancajos eine reine Touristensiedlung, mit einigen schönen und vielen langweiligen Apartmentanlagen, mit Supermärkten, wo man auch deutsche Lebensmittel kaufen kann, mit Diskotheken und Restaurants, Schwimmbecken mit kleinen Badebuchten, über deren Wasserqualität schon häufiger geklagt wurde, mit darüber hinwegfliegenden Flugzeugen, mit Bars, die vorgeben, besonders spanisch zu sein (oder das gar nicht erst versuchen), mit den Büros der Reiseveranstalter, jedoch mit wenig Palmerischem. *Ca. 4 km südlich von Santa Cruz, in Richtung Flughafen*

La Galga **(F 3)**

Nördlich von Santa Cruz, über tiefe Barrancos hinweg, an der Hauptstraße nach Los Sauces, liegt ★ La Galga. Eine kleine Siedlung mit bellenden Hunden und alten Männern vor dem Kirchenportal. Am Ende des Ortes erhebt sich ein Aussichtspunkt mit Blick über das ganze Küstengebiet (Mirador de San Bartolomé). In der Nähe, an der Hauptstraße rechts, liegt das *Casa Asterio.* Es ist ein großes Restaurant, mit *tapas,* Wein und in der Saison mit Zickleinbraten. *Kategorie 3, ca. 20 km von Santa Cruz*

Las Nieves **(E 5)**

In der ★ Kapelle von Las Nieves, mit einem schönen Kirchhof und alten Lorbeerbäumen, befindet sich das Heiligtum der Insel, die Patronin von La Palma und Retterin vieler in Seenot geratener Schiffe: die Jungfrau vom Schnee. Sie wird in vielen religiösen Festen verehrt, deren Höhepunkt zweifellos die *Bajada* ist, das größte und nur alle fünf Jahre wiederkehrende Spektakel, in der die Jungfrau mit großem Pomp hinunter in die Hauptstadt getragen wird.

Die kleine, reich geschmückte Terrakotta-Figur aus dem 14. Jh. kam schon kurz nach der Conquista nach La Palma. Ihren Namen soll sie aus der Zeit des Vulkanausbruchs von 1646 erhalten haben, als auf Grund vieler Bittgebete die Berge der Insel sich mit Schnee bedeckten und so der glühenden Lava Einhalt geboten wurde. *Ca. 5 km oberhalb von Santa Cruz, tagsüber geöffnet, Eintritt frei*

Playa de Nogales **(F 4)**

Unterhalb von Puntallana liegt der wilde und romantische Strand *Playa de Nogales.* Er ist im Ort ausgeschildert, und am besten fragt man auf dem Weg dorthin die Einheimischen. Vorsicht: Strömungen und Steinschlaggefahr.

Puntallana **(F 4)**

Bunte Felder, die Nähe der See, außerdem tiefe Barrancos mit z. T. winzigen Bananenterrassen und traditionellen kanarischen Bauernhäusern, das ist Puntallana, ein dicht besiedeltes Verwaltungszentrum, wo es auch ein volkskundliches Museum gibt: *Casa Luján, Calle El Posito 3, vormittags geöffnet, Eintritt frei.*

In der Kirche San Juan Bautista, Johannes der Täufer, stehen zwei wertvolle Figuren aus dem 18. Jh., sie stellen San Miguel, den Schutzheiligen La Palmas und San Antonio de Padua dar. *Puntallana liegt ca. 16 km nördlich von Santa Cruz*

Land der Vulkane

Im geologisch jüngsten Teil der Insel erlebt man die Vulkane hautnah

Je weiter man auf der Ostseite der Insel nach Süden fährt, desto jünger wird La Palma, geologisch gesehen. Am südlichsten Punkt schließlich hat gerade erst 1971 der Vulkan Teneguia mit seiner ausgeflossenen Lava die Insel erweitert.

Folgt man der Landstraße 832, die parallel zur Küste zwischen 500 und 800 m Höhe verläuft, so sieht man bis zum Ort Mazo auf der rechten und linken Seite noch viele bebaute Flächen, Felder in mittleren Höhenlagen, Bananen an der Küste. Direkt unterhalb Mazos liegt *Hoyo de Mazo* – das Loch von Mazo – mit reichen Weinfeldern, begünstigt von einem warmen Kleinklima.

Südlich von Mazo fängt das Gebiet des *malpaís* (schlechtes Land) an. Viele überwucherte Terrassen in Richtung zur Küste zeigen, daß es hier ehemals Feldanbau gab. *Abandonado,* sagt der Palmero, verlassen von den Bauern, die in Venezuela und anderswo ihr Glück suchten.

Rechts tritt nun die *cumbre vieja* näher heran, mit alten Pinien und nackten Gipfeln. Zwischen Monte de Luna (Mondberg) und Fuencaliente fährt man durch einen Pinienwald, der mitunter von Nebelschwaden eingehüllt ist, während zur Linken die ersten großen Lavafelder zur Küste hin abfallen.

Vor Fuencaliente, der südlichsten Inselgemeinde, beginnt der Weinbau aufs neue, der ältere Vulkanboden mit seinen reichen Mineralien ist gut geeignet für die überwiegend weißen Sorten Listan und Malvasía.

Mazo und Fuencaliente sind in dieser Region die beiden wichtigsten Orte, Zentren für die Landwirtschaft und für das Kleingewerbe.

Es gibt wenige Strandzugänge an dieser Küste, das Gebiet ist mit seinen vielen Höhenwegen jedoch ein ideales Wanderrevier.

Der Vulkan San Antonio in der Nähe von Fuencaliente

FUENCALIENTE

(**D 11**) Der Ort, übersetzt »heiße Quelle«, wurde 1837 eine eigenständige Gemeinde. Früher gab es dort eine heiße Quelle, sie wurde allerdings 1667 beim Ausbruch des San Antonio verschüttet. Einigen Fischern zufolge soll sie nun auf dem Meeresgrund sprudeln.

Fuencaliente, oft von starken Winden heimgesucht, liegt am

Abhang der *Cumbre Vieja*, der »Alten Cumbre«, zu der vom Ortskern aus mehrere Wege hinaufführen.

Unterhalb des Dorfes sieht man die Krater der Vulkane San Antonio und Teneguia, mit mächtigen Lavafeldern.

Bananen an der Küste und Wein an den Hängen bestimmen die landwirtschaftliche Produktion der Gegend. Die Bananenkooperativen verpacken die Früchte unten an der Küste, inmitten des Dschungels der Stauden, die größte Weinkellerei steht im Ort, sie ist die modernste Anlage ihrer Art auf La Palma.

BESICHTIGUNG

Bodegas Teneguía
Diese Weinkellerei wurde 1945 als Kooperative gegründet und ist berühmt für die Erzeugung des teuren und schweren Likörweines aus der Malvasía-Traube.

Die Jahresproduktion der modernen Kellerei beträgt 250 000 l Weißwein, 80 000 l Rosé *(rosado)*, 50 000 l Rotwein und etwa 10 000 l Malvasía. Die Kooperative hat 200 Mitglieder, die 800 ha Weinland bearbeiten. *Tgl. ab 9.30 Uhr, Anmeldung im Büro, Eintritt frei, die Zufahrt ist ausgeschildert. Restaurant in Vorbereitung*

RESTAURANT

Bar – Restaurante Junonia
Das Restaurant liegt unter der Bar, es wird einfaches und reichhaltiges palmerisches Essen serviert, *vino del pais*, öfters Fisch. *An der Hauptstraße im Ort, links von Santa Cruz kommend, 9–23 Uhr, Kategorie 3*

Neben dem neuen Leuchtturm von Fuencaliente der alte namens El Faro

EINKAUFEN

Die Bar »Parada« auf der rechten Seite der Hauptstraße bietet selbstgemachte Mandelkekse, Rapaduras und *queso de almendras*. Außerdem Wein, Käse und allerlei Hausgemachtes.

HOTELS

Pensión Central
Einfaches Haus im Ort gelegen. *4 Zi., Fuencaliente, Carretera General 19, Tel. 44 40 18, Kategorie 3*

Apartamentos Los Volcanes
Ein neues Haus mit modernem Komfort. *3 Zi., Fuencaliente, Carretera General 72, Tel. 44 41 64, Kategorie 3*

SPIEL UND SPORT

Nördlich vom Leuchtturm, die Westküste hinauf, gibt es einige

Strände, die gut mit dem Auto angefahren werden können. Allerdings gibt es dort weder Duschen noch Rettungsschwimmer, auch Toiletten und Kioske fehlen. Man fährt bis kurz vor den Leuchtturm, dann rechts die Piste entlang mit dem Hinweisschild *Playa Nueva*. Ein sandiger Strand, den man in wenigen Minuten vom Parkplatz an der Piste erreicht.

Weiter durch die Bananenfelder gibt es einen weiteren Strand, *La Zamora*. Dazwischen liegen noch etliche Buchten, die man sich erklettern muß.

Auch an dieser Küste ist Vorsicht geboten, bei stärkerem Wellengang sollte man auf keinen Fall baden.

ZIELE IN DER UMGEBUNG

El Faro **(D 12)**

So wird kurz der ★ Leuchtturm genannt, wobei der alte Leuchtturm gemeint ist, der lange außer Betrieb ist und bei allen Touristen den Ausruf »Daraus könnte man was machen« hervorruft. Daneben gibt es den neuen Leuchtturm, eine funktionale Konstruktion aus Stahlbeton.

Von den Leuchttürmen aus, die über eine ca. 8 km lange Teerstraße von Fuencaliente erreichbar sind, hat man einen schönen Blick auf die Salinen (Privatgrundstück, aber Besichtigung ist möglich), die Fischerhütten mit einem kleinen Kiosk (Getränke und Fischgerichte) und auf die ansteigenden Berge.

Punta Larga **(C 11–12)**

Vom Leuchtturm führt, die Westküste hinauf nach Norden, eine geteerte Straße durch endlose Bananenfelder, dieselbe Piste, die auch zur Playa La Zamora führt. Nach etwa 4 km sieht man links in einer Bucht eine ziemlich kleine Siedlung aus Fischerhütten und Wochenendhäuschen, ★ Punta Larga.

In den Bretterbuden am Meer wird frischer Fisch serviert, und die Buchten und Felsen sind schöne Sonnenplätze.

MARCO POLO TIPS FÜR DEN SÜDOSTEN

1 Leuchtturm von Fuencaliente
Idyll um den alten und neuen Leuchtturm mit kleinen Fischerhütten und Salinen (Seite 51)

2 Punta Larga
Felsen, Buchten und frischer Fisch in einfachen Bretterbuden direkt an der Brandung laden zum ausgiebigen Verweilen ein (Seite 51)

3 Die Vulkane San Antonio und Teneguia
Phantastische Aussicht vom Kraterrand und noch warmes Gestein lassen die Vulkane hautnah erleben (Seite 52)

4 Refugio El Pilar
Unter hohen Pinien kann man picknicken, oder man kann von hier auf die Cumbre wandern (Seite 55)

Vulkane San Antonio und Teneguía (C 11–12)

Unterhalb von Fuencaliente und vom Ort aus bereits zu sehen befinden sich die beiden »neueren« ★ Vulkane. Der südlichere ist der Teneguía.

Den Krater des Antonio kann man in ca. 45 Min. umwandern, mit phantastischem Blick über die südliche Küste. Es kann sehr windig dort oben sein! Parkplätze unterhalb des Vulkans sind von Fuencaliente an ausgeschildert.

Zum Teneguía, der nur wenige Kilometer weiter liegt, kann man am besten von der Straße zum Leuchtturm aus (ausgeschildert) mit dem Auto gelangen. Einige Felsen dort sind noch warm vom letzten Ausbruch.

LAS BREÑAS UND MAZO

(**E 7–9**) Die zwei Gemeinden Breña Alta und Breña Baja, kurz Las Breñas, haben mit ihren Bezirken rund 10 000 Ew. und sind Wohnstatt für viele, die in Santa Cruz arbeiten. Die Orte sind gepflegt und bilden eine Mischung aus alten kanarischen Häusern und modernen Zweckbauten. Dem Touristen bieten sie relativ wenig, der Reiz liegt in der umliegenden Landschaft.

Grüne Hänge ziehen sich sanft an den Ausläufern der Cumbre hinan, hier wird Landwirtschaft betrieben, u. a. der Tabakanbau.

Die Nachbargemeinde nach Süden ist Mazo, ebenfalls von der Cumbre bis zum Meer reichend, mit dem Flughafen als wichtigem Steuerbringer. Zwei Hauptstraßen führen durch Mazo nach Süden, dazwischen verbinden steile Sträßchen die Ortsteile. Ein klassizistisch anmutendes Rathaus und die Kirche San Blas sind die sehenswertesten Gebäude.

Bekannt ist Mazo für seine Kunsthandwerkerschule, für den Erzeugermarkt am Wochenende und für die reiche Ausstattung des Corpus-Christi-Festes, das am zweiten Donnerstag nach Pfingsten stattfindet.

BESICHTIGUNGEN

Escuela de Artesanía

In der Kunsthandwerkerschule werden traditionelle palmerische bzw. kanarische Techniken vermittelt wie Weben, Sticken und Strohflechten. Eine Ausweitung auf andere Handwerkskünste ist geplant. *Mazo, neben der Markthalle, geöffnet 10–13 Uhr, Eintritt frei*

Iglesia San Blas

Diese Kirche aus dem 16. Jh. mit einem kunstvoll geschnitzten Altar aus Caoba-Holz hat mehrere Figuren im barocken bzw. flämischen Stil sowie einige flämische Gemälde aus dem 16. Jh. *Mazo, unregelmäßig geöffnet*

RESTAURANTS

Chipi Chipi, Parrilla

Hier gibt es gegrilltes Huhn und Kaninchen sowie dicke Pucheros. Man sitzt in kleinen, hübschen, voneinander abgeschlossenen Erkern, in üppiger Gartenumgebung. Sehr gemütliche Atmosphäre.

Der Service ist gut, jedoch ohne die mitunter anzutreffende unangemessene Vertraulichkeit seitens der Bedienung. *Velhoco, an der Straße nach Las Nieves, tgl. außer Mi, mittags bis ca. 23 Uhr, Kategorie 3*

Blütenteppiche in Mazo

Jeden zweiten Donnerstag nach Pfingsten wird in den katholischen Gegenden das Fronleichnamsfest begangen, seit 1264. Nach Spanien gelangte der Festbrauch 1319, zunächst nach Barcelona. Nach La Palma kam er in der heutigen Art um 1870. Die Gemeinden der Insel eifern um die schönste Ausstattung ihres Ortes mit Blumenteppichen und Bildern aus Blüten und bunten Samen. Mazo ist diesbezüglich Favorit.

Schon Wochen vor Corpus Christi sitzen die Frauen in jedem der 14 Barrios (Bezirke) von Mazo und kleben die zuvor gesammelten Samen, Blüten und bunten Pflanzenteile auf hölzerne Unterlagen zu meist verblüffend naturalistischen Bildern zusammen. Da entstehen Engels- und Jungfrauenporträts, Landschaften und Ornamente.

Die Straßen werden mit Blütenmustern geradezu teppichmäßig ausgelegt, darüber erheben sich die Blütenbogen wie Monumente. Mazo ist zu dieser Zeit der farbenprächtigste Ort der Insel.

Las Almendros

Großes Restaurant mit etwas unschöner Beleuchtung, jedoch gutem Service. Suppen, Fleischgerichte und Pizza. *Velhoco, Carretera General, mittags bis 23 Uhr, Kategorie 2*

Las Brisas

Bar und Restaurant; an ersterer stehen die Einheimischen und schauen in den Fernseher; im Restaurant sitzt gemischtes Publikum aus Einheimischen und Touristen. Es wird »Kontinentales« serviert, ohne besondere Spezialitäten, wie Fleisch mit Pommes. Dafür wird guter eigener *vino del país* angeboten.

In diesem Lokal wird häufig spontan zur Gitarre gegriffen. *Hoyo de Mazo, tgl. außer Do, mittags bis ca. 23 Uhr, Kategorie 2*

La Mocanera

Gepflegtes Restaurant, mit Terrasse. Kanarische Küche und Fischgerichte. Unter dem Restaurant ist eine Bar. *San Antonio (Breña Baja), 12–16 und 19–23 Uhr, Kategorie 2*

Las Tres Chimeneas

Im kanarischen Stil erbautes Restaurant mit gemütlichem Interieur. Es gibt allerlei internationale Gerichte, auch für Vegetarier ist gut gesorgt. Eines der besseren Restaurants der Insel. *Buenavista, am alten Flugplatz an der Hauptstraße nach Los Llanos, tgl. außer Di bis 16 und 19–23 Uhr, Kategorie 1–2*

EINKAUFEN

El Molino

Dies ist eine schön gelegene Töpferei, in der nach historischen Guanchenmustern schwarze Töpferware hergestellt wird. Man kann den Töpfern zusehen. *Hoyo de Mazo an der Hauptstraße, 10–13 und 15–19 Uhr, Eintritt frei*

La Graja

Hier gibt es authentisches Kunsthandwerk der Insel. *Buenavista, 300 m hinter der Abzweigung nach Las Nieves, an der Hauptstraße, 9–13 und 17–20 Uhr*

Mercadillo

Der »kleine Markt« ist Treffpunkt vieler deutscher Residenten. Verkauft werden Produkte der örtlichen Landwirte: frisches Gemüse und Früchte, Weine, Liköre, hausgemachte Marmeladen, selbstgebackenes Brot und Kuchen, hausgemachte Mojos, Käse u. v. a. m. Im 1. Stock werden Kunsthandwerks-Erzeugnisse angeboten. *Mazo, in der Markthalle, Sa 15–20 und So 8 bis 13 Uhr*

Zigarren

In Las Breñas haben sich einige Zigarrendreher angesiedelt. Einer von ihnen, mit einem kleinen Laden, hat seine Werkstatt in Breña Alta, und man kann ihm zusehen und Zigarren auch bestellen. Er wird »El Rubio«, der Blonde, genannt. *San Pedro (Breña Alta), Hauptstraße 10, 9–13 und 15–19 Uhr*

HOTELS

Sieht man vom reichen Hotelangebot in Los Cancajos ab, das verwaltungsmäßig zu Las Breñas gehört, so gibt es noch wenige Unterkünfte in diesem doch relativ großen Gebiet um Las Breñas und Mazo. Es gibt allerdings einige Apartments, die im Programm der Reiseveranstalter erscheinen.

Apartamentos Chipi Chipi

Im gleichnamigen Restaurant. *Einfache Apartments. 8 Zi., Buenavista, Carretera de Las Nieves, Tel. 41 10 24, Kategorie 3*

Kapelle beim Aussichtspunkt Mirador de La Concepción

Apartamentos Vista Bella
Wie der Name schon sagt: Der Blick ist schön. Es gibt ein Schwimmbecken und einen Tennisplatz in einer großen Gartenanlage. Man spricht hier deutsch und englisch. *9 Apartments, San José, Breña Baja, Tel. 43 49 75, Kategorie 2*

SPIEL UND SPORT

Lucha Canaria
In der Mehrzweckhalle in Mazo finden häufig, besonders am Wochenende, kanarische Ringkämpfe statt. Da dies saisonabhängig ist, erkundige man sich im Touristenbüro in Santa Cruz nach den Terminen. Neben dem Ringkampf selbst ist ein Besuch wegen der einmaligen Atmosphäre lohnenswert.

Playa del Hoyo
Diese kleine, versteckte Badebucht befindet sich südlich vom Flughafen. Bevor die Hauptstraße in Richtung Mazo nach rechts in die Höhe geht, folge man links der geteerten Straße. Durch die Bananenplantagen bis zum Ende fahren.

Der Strand liegt relativ geschützt, hat jedoch keine Serviceeinrichtungen. Dafür ist er nicht so überlaufen.

ZIELE IN DER UMGEBUNG

Belmaco **(E 9)**
Die Guanchenhöhle von Belmaco hat einige prähistorische Felsinschriften, Petroglyphen genannt. Die Höhle ist offen und licht, so daß man hineingehen kann. *Tigalate, Mazo, direkt an der unteren Straße nach Fuencaliente, ständig geöffnet, Eintritt frei*

Mirador de La Concepción **(E 7)**
Dieser Aussichtspunkt eröffnet einen weiten Blick über die Hänge von Las Breñas, zum Meer und zur Cumbre sowie hinunter nach Santa Cruz, besonders auf den Hafen. *Buenavista, Richtung Los Llanos an der Kreuzung rechts*

Refugio El Pilar **(D 8)**
Von Las Breñas, über San Isidro, führt eine kurvenreiche, jedoch gut ausgebaute Straße auf die Cumbre. Unterwegs passiert man einen Aussichtspunkt.

Auf der Cumbre befindet sich das ★ Refugio El Pilar, mit einem großen Grillplatz, mit Toiletten und Wasserversorgung sowie einem (unbeaufsichtigten) Campingplatz. Von hier gibt es zahlreiche Wanderwege in den Wald oder auf die Cumbre mit ihren Vulkanbergen.

Die Landstraße führt weiter hinunter nach El Paso, durch eine herrliche Wald-Lavalandschaft mit mächtigen Pinien.

Salinera **(E 9–10)**
Was einst eine Anhäufung von Fischerhütten und Wochenendhäuschen war, ist nun eine kleine Gemeinde am Meer. Allerdings wird man das Gefühl des Provisorischen nicht los, noch dazu wo es hier keinen Laden und kein Restaurant gibt.

Es gibt vor Salinera einen Sandstrand, bei Salinera direkt Steinstrände und Buchten. Einige Fischer haben ihre Boote dort. Ein friedliches Plätzchen am Meer. *Mazo, auf der unteren Straße, hinter der Abzweigung nach Fuencaliente die erste Teerstraße links hinunter. Es geht einige Kilometer über ungeteerte Piste.*

Schönes Wetter zwischen Cumbre und Strand

Hier ist die Landschaft touristisch erschlossen – die Sonnenseite der Insel

Jenseits der *Cumbre Vieja,* im Dreieck La Cumbrecita, Fuencaliente und Tazacorte, weitet sich der Südwesten der Insel mit steilen Gipfeln, trockenen Hängen, erloschenen Vulkanen und urzeitlichen Lavafeldern aus.

In diesem Gebiet leben rund 30 000 Menschen, allein in der zweitgrößten und mit Santa Cruz rivalisierenden Stadt Los Llanos die Hälfte davon. Die Region hat den einzigen Fischereihafen von Bedeutung und das größte zusammenhängende Bananenanbaugebiet der Insel. Auch der größte industrielle Arbeitgeber, Reynolds Tobacco, hat seine Zigarettenfabrik hier. Kleingewerbebetriebe wie Werkstätten, eine Käsefabrik, der im Rahmen der europäischen Harmonisierung eingerichtete Tüv, Agro-Geschäfte, die Maschinen und Pestizide verkaufen, und Bananenabpacker geben der Region einen gewissen Wohlstand.

Der Badeort Puerto Naos mit schwarzem Sandstrand

Hinzu kommt der Tourismus. Das besonders trockene Klima und der bedeutende Strandort Puerto Naos sowie das Vorhandensein vieler Unterkünfte und Geschäfte, die sich auf Tourismus eingestellt haben, ziehen Urlauber an.

Wer von Strandleben und Sonnenbaden nichts wissen will, hat in Los Llanos den besten Zugang zum Nationalpark *Caldera de Taburiente,* so daß auch viele Wanderfreunde das Gebiet schätzengelernt haben.

Von Santa Cruz aus ist die *Cumbre Vieja,* die sich bis in den äußersten Süden erstreckt, eine natürliche Barriere. Nur zwei Hauptstraßen, die 812 über Breña Alta durch den Tunnel nach El Paso und die 832 über Fuencaliente, gewähren den Zutritt. Gleichzeitig sind sie aber auch Ausfalltore für die Bananenlastzüge, die mit hochgetürmter Ladung an gefüllten Bananenkartons den Hafen von Santa Cruz erreichen müssen.

Schon die spanischen Eroberer unter Alonso Fernández de

Lugo, die bei Tazacorte landeten, haben die Cumbre als Hindernis auf ihrem Eroberungszug empfunden.

Später, als die Spanier Fuß gefaßt hatten, entstanden die Königswege, die *Caminos Reales*, die mit groben Quadern gepflastert West und Ost verbanden. Noch bis in die 50er Jahre hinein wurden sie von lastentragenden Mulis und Bauern begangen, die ihre Waren zu Markte trugen. Heute sind diese Wege stille und ideale Möglichkeiten, die Gegend wandernd zu erkunden.

Einer dieser *Caminos Reales* verläuft in diesem Gebiet von der *Ermita Virgen del Pino* hinauf auf die Cumbre, wo man die Möglichkeit hat, bis zum *Refugio El Pilar* zu gehen.

EL PASO

(**C 7-8**) Rund 6000 Menschen leben in El Paso, dem größten Verwaltungsbezirk La Palmas. Fast 140 qkm ziehen sich in Nord-Süd-Richtung über die Cumbre und die Caldera; über einen direkten Zugang zum Meer verfügt der Bezirk allerdings nicht.

Der eigentliche Ort erstreckt sich mit schönen kanarischen Häusern und ländlichen Winkeln zwischen der *Las Cuestas*, der alten Verbindungsstraße nach Los Llanos, sowie der *Carretera General*, der verkehrsreichen Hauptstraße, die Santa Cruz mit Los Llanos verbindet.

Es scheint, als sei der Tourismus eben auf jener schnellen Hauptstraße von El Paso weggeführt worden. Auf den ersten Blick ist auch nichts von touristischem Interesse zu bemerken, biegt man von der *Carretera General* ab in die *Avenida José Antonio*, die Hauptstraße El Pasos. Es gibt ein paar kleine Geschäfte, das kleine Rathaus mit der Ortsbibliothek und gegenüber eine Veranstaltungshalle, wie sie auch in Wanne-Eickel oder in einem

MARCO POLO TIPS FÜR DEN SÜDWESTEN

1 La Cumbrecita
Ein Aussichtspunkt mit atemberaubendem Blick in den Kessel von Taburiente, über eine Teerstraße mit dem Auto zu erreichen (Seite 62)

2 Puerto Tazacorte
Der bedeutendste Fischereihafen der Insel (Seite 68)

3 El Time
Von diesem Aussichtspunkt überschaut man einen großen Teil der beschriebenen Region (Seite 65)

4 Der alte Teil von El Paso
Eine Wanderung durch den alten Teil dieses schönen, atmosphärisch reichen Dorfes zeigt einmal mehr, daß in La Palma noch vieles intakt ist (Seite 59)

5 Seidenweberei in El Paso
Bei Doña Maruca kann man beobachten, wie aus einer verpuppten Raupe wertvolle Naturseide entsteht. Eine Traditionswerkstatt (Seite 59)

pyrenäischen Bergdorf stehen könnte.

Das Idyll dieses großen Dorfes sind seine Seitenstraßen, man erlebt es etwa in der *Calle Manuel Taño* hinter bürgerlichen Fassaden oder in der *Las Cuestas* und deren Seitengassen, in Hinterhöfen und beschatteten Gärten. Dort findet man kleine, uralte kanarische Häuser, winzige Läden und die Menschen auf kleinen Feldern oder beim Schwatz.

In manchem Hinterhof mag es eine Werkstatt geben, zu der kein Hinweisschild führt. Hier arbeiten Zigarrendreher, Strohflechter, Stickerinnen, und hier werden Seidenraupen mit Maulbeerblättern für die Seidenweberei im Ort gemästet.

El Paso gilt traditionell als Kunsthandwerkerdorf, neben der Landwirtschaft ein wichtiger Erwerbszweig. Die Lage El Pasos, abseits vom Lärm und der Hitze des Küstentieflandes, mit den mächtigen Bergen im Rücken und dem herrschaftlichen Blick über das Aridanetal von Los Llanos, begünstigt die vielseitigen Kreationen von Strohhüten und Körben, Seidenstoffen, Zigarren, Schnitzereien und Stickereien. Dem durchfahrenden Touristen bleiben sie allerdings verborgen, erst in den Kunsthandwerkerläden von Los Llanos und Santa Cruz mag man mit ihnen in Berührung kommen.

BESICHTIGUNGEN

Alt-El Paso

★ Einen atmosphärischen Spaziergang macht man am besten die Las Cuestas hinunter, bis kurz vor Los Llanos sind das 2–3 km. In El Paso biegt man links von der Avenida José Antonio in die Las Cuestas ab. Die Strecke kann auch mit dem Auto befahren werden, die Straße ist jedoch sehr eng.

Die sehenswerte Pfarrkirche von El Paso

Iglesia de Nuestra Señora de Bonanza

Diese Kirche hat eine schöne, mehrfarbige Holzdecke im Mudejarstil. *El Paso, Calle General Franco, unregelmäßig geöffnet*

Seidenwerkstatt von Doña Maruca

★ Hier kann man zuschauen, wie aus Seidenkokons auf traditionelle Weise Seide versponnen, gefärbt und gewebt wird. *El Paso, Barrial de Abajo 9, 10–12 und 15–17 Uhr, Eintritt frei, unregelmäßige Öffnungszeiten*

Zigarettenfabrik Reynolds

Die hochmoderne und vollautomatische Zigarettenherstellung dieser Fabrik ist sehenswert. *Führungen Do um 11 Uhr, beim Pförtner melden. Dauer ca. ½ Std., Eintritt frei*

Jedem Regierungschef in Madrid eine Seidenkrawatte aus La Palma

Das Geheimnis der Seidenproduktion, ursprünglich in China zu Hause und dort streng gehütet, kam in Form von Raupeneiern zusammen mit ein paar Samen des Maulbeerbaumes im Wanderstock einiger San-Basilio-Mönche 582 n. Chr. nach Europa. Über Spanien gelangte das Wissen über die Herstellung von Seide schließlich 1513 nach La Palma und den Kanarischen Inseln, wo es eine langwährende Blüte erlebte. Die Seidenraupen ernähren sich ausschließlich von den Blättern des Maulbeerbaumes und verpuppen sich nach langer Fresserei in einen Kokon aus hauchdünnen Seidenfäden. Nie werden die Schmetterlinge von Blüte zu Blüte gaukeln, denn die Kokons werden in heißem Wasser gesiedet, damit sich der Faden aus Seide lösen kann. Der wird auf Spulen aufgewickelt, mittels einer handgedrehten Spindel. Später erfolgt das Färben und Verweben, insgesamt sind 14 Arbeitsgänge nötig, bis die Seide verwebt werden kann.

Durch neue Techniken und die Verwendung von Kunstseide ist die Seidenherstellung auf den Kanaren zum Erliegen gekommen, und zwar schon zu Ende des 19. Jhs. El Paso auf La Palma ist der einzige Ort auf den Kanarischen Inseln, wo das Handwerk in seiner ursprünglichen Form noch betrieben wird. Schließlich soll weiterhin jeder Regierungschef in Madrid seine Seidenkrawatte aus El Paso erhalten können.

RESTAURANTS

Die Region hat wegen der vielen Touristen eine Reihe von Restaurants, die nicht nur kanarisch kochen. Die Auswahl ist also relativ groß, aber nicht unbedingt inseltypisch.

Areparía Merendero El Pino

In diesem kleinen Lokal – man kann draußen unter einer Weinpergola sitzen – gibt es in erster Linie *arepas,* mit Fleisch oder Käse gefüllte Teigtaschen à la Venezuela. Die Atmosphäre ist gut, das Essen zufriedenstellend, das Preisniveau akzeptabel. *El Paso, Carretera General, hinter der Cepsa-Tankstelle, 17–23 Uhr, Kategorie 3*

Bar Central

Hier kann man eigentlich nur ein Glas Wein oder einen Kaffee trinken, aber die Atmosphäre ist es wert, einmal hineinzuschauen. Alte Männer, in Kartenspiel und Domino vertieft, bevölkern die wenigen Tische oder sitzen einfach an der Wand. *El Paso, Calle Manuel Taño, Kategorie 3*

Bar Grill Secadero

Besticht durch seine Architektur, das Lokal mutet von außen wie ein Steinhafen an. Die Speisen sind wenig originell. *Las Manchas, zwischen San Nicolás und Puerto Naos, tgl. außer Mi 12–24 Uhr, Kategorie 1*

Bodegón Tamanca
Dieses Restaurant liegt im Berg, unter einem gemauerten Steingewölbe. Es gibt gute *tapa,* wie *jamón serrano* (luftgetrockneter Schinken), *queso blanco* (Ziegenkäse) und *morcilla,* eine mit Rosinen und Mandeln gesüßte Blutwurst. Ein gutes Restaurant auch für zarte Steaks und eigenen Wein, unter anderem Malvasía. *Las Manchas, von El Paso Richtung Fuencaliente 10 km, tgl. außer Mo ca. 12–23 Uhr, Kategorie 2*

El Paso
Kleines Restaurant mit einheimischer Küche. *El Paso, Carretera General, gegenüber der Zigarettenfabrik, Kategorie 3*

La Cascada
Ein großes Einheimischenlokal, mit deftigen Fleischgerichten vom Grill sowie dicken Pucheros. *El Paso, Carretera General, ca. 2 km in Richtung Santa Cruz, tgl. außer Mo 10–23 Uhr, Kategorie 2*

EINKAUFEN

Naturkostladen El Campo
Wie der Name schon sagt: Alles für den ökologisch Bewußten. *Carretera General, El Paso, 9.30–13 und 16.30–19.30 Uhr*

Seidenartikel
In der Seidenwerkstatt von Doña Maruca kann man Rohseide und gewebte Seidenartikel kaufen. *El Paso, Barrial de Abajo, tgl. 10–12 und 15–17 Uhr*

Zigarren
Erstklassige Zigarren dreht Don Arsenio Rodríguez. Es gibt Cubanos, Dominicanos, Sumatras und Brasil-Mischungen. *El Paso, 1. Straße links hinter der Kurve von der Calle Ugranfir, letztes Haus rechts (gegenüber der »La Cascada« hineinfahren), 10–13 und 15–17 Uhr*

HOTELS

Apartamentos Finca Verde
Es gibt drei kleine kanarische Häuser. Gemütlich und individuell. *El Paso, 4 Apartments, Calle El Pilar 81, Tel. 49 72 91, Kategorie 3*

Hotel Monterey
Einfaches, zentral gelegenes Hotel an der Hauptstraße. *El Paso, 14 Zi., Carretera General/Calle Antonio Pino Pérez, Tel. 48 51 75, Kategorie 3*

ZIELE IN DER UMGEBUNG

Ermita Virgen del Pino (C–D 7)
Eine kleine Kapelle unter einer mächtigen Pinie, die im Mittelpunkt des gleichnamigen Festes am 1. September steht. Den Schlüssel für die Kapelle bekommt man im Nachbarhaus.

Oberhalb schlängelt sich ein *Camino Real* durch den Wald, die Anhöhe hinauf, um später nach ca. einstündigem Weg auf der *Cumbre* herauszukommen. *3 km von El Paso, Carretera General Richtung Santa Cruz, dann links der Straße zur Cumbrecita folgen*

ICONA Info Zentrum (C 5)
Wer auch immer diesen häßlichen Bau genehmigt hat, die ICONA hat in seinem Inneren jede Menge hochinteressanter Informationen über La Palma bereit. Empfehlenswert vor einer Wanderung in die Berge. *El Paso, Abzweigung nach Cumbrecita, Ein-*

tritt frei, Mo–Sa 9–14 und 15–18, So 9–15 Uhr, Tel. 49 72 77

La Cumbrecita **(D 5)**
Auf einer ca. 8 km langen, asphaltierten Straße (von der Carretera General Richtung Santa Cruz) erreicht man den Aussichtspunkt ★ La Cumbrecita. Von 1300 m hat man einen phantastischen Blick in den Talkessel der *Caldera de Taburiente*.

In ca. 20 Min. Fußweg liegt ein weiterer Aussichtspunkt, der *lomo de las chozas*, von wo man ebenfalls über die Caldera und den Idafe blicken kann.

Warnung: Der Parkplatz an der Cumbrecita ist ein notorischer Platz für Autoeinbrüche.

Straße El Paso–Fuencaliente **(C 8–11)**
Ca. 25 km auf der 832. Die Straße führt durch San Nicolás und Jedey, kleine Orte, wo es nichts weiter gibt als über Mauern hängende Geranien, alte Männer auf den Mäuerchen und Frauen, die die Tritte ihrer Häuser fegen.

Die Landschaft ist vielfältig: Wein, Lavafelder, Pinien, Eukalyptusbäume und *malpaís*. Es gibt einige Aussichtspunkte, z. B. ca. 5 km vor Fuencaliente, mit weitem Blick über Bananenplantagen, Küste und Meer, manchmal bis zur Insel El Hierro, und zu den fernen Häusern von Puerto Naos.

LOS LLANOS DE ARIDANE

(B 7) »In Los Llanos sitzt das Geld«, heißt es bei denen in Santa Cruz, in einer Mischung aus Neid und Bewunderung.

Viele Besucher werden, nachdem sie zuvor Santa Cruz besucht haben, von der Hektik, der geschäftigen Atmosphäre und den vielen Zweckbauten in Los Llanos vielleicht zunächst befremdet sein, die Stadt scheint auf den ersten Blick so gar nicht ins palmerische Idyll zu passen.

Und doch hat auch Los Llanos reizvolle Winkel. Wandert man durch die kleine Stadt, entdeckt man hier und dort auch Gewachsenes. Selbst geschmackvolle Wohnhäuser gibt es neben den Betonkästen – beides zeugt nicht von Armut.

Der Reichtum kommt aus den riesigen Bananenplantagen, die stellenweise noch bis in den Ort hineinreichen. Außerdem ist Los Llanos das kommerzielle Zentrum der Westküste.

Die Bewohner sind weniger zugänglich als etwa in Santa Cruz, man geht mit größerem Ernst seinen Geschäften nach, so scheint es. Alles ist ein bißchen konservativer als andernorts.

Touristisch gesehen bietet Los Llanos alles, was dem Urlauber Freude macht: Bars, Diskotheken, Andenkengeschäfte, Boutiquen, Reisebüros, Supermärkte, Restaurants, ein Kino und meistens schönes Wetter. Der Ort ist ein guter Ausgangspunkt für den Nationalpark *Caldera de Taburiente*, für die Küstenorte Puerto Naos und Tazacorte sowie für Ausflüge in den Norden.

BESICHTIGUNGEN

Avenida Tanausú
In dieser kurzen Straße, die von der Avenida Doctor Fleming hinunter zur Markthalle führt, stehen klassische Stadtvillen, mit blühenden Vorgärten und geka-

chelten Eingängen. Die Avenida wird von Palmen, Jakaranda- und Tulpenbäumen gesäumt, die im Juni/Juli in voller Blüte stehen.

Iglesia de Nuestra Señora de los Remedios

Diese große Kirche im Zentrum der Stadt wurde zu Anfang des 16. Jhs. erbaut. In ihr befinden sich zahlreiche Kunstschätze, u. a. die Figur der Stadtpatronin *Nuestra Señora de los Remedios,* die Schnitzarbeit eines Brüsseler Meisters aus dem 16. Jh.; ferner eine Marmorskulptur. *Plaza de España*

Parque Municipal

Der kleine Stadtpark ist vielleicht etwas heruntergekommen, doch exotische Bäume, ein Spielplatz und ein Kleintiergehege machen einen Besuch durchaus lohnenswert. *Carretera Puerto Naos, auf der rechten Seite, Eintritt frei*

Plaza de Elias Santos Abreu

Ein kleiner Platz mit Sitzbänken. *Calle Fernández Taño, gleich hinter der Kirche*

Plaza de España

Der Hauptplatz von Los Llanos ist tagsüber sehr belebt. *An der Avenida de General Franco*

RESTAURANTS

Bar Capri

Man kann draußen auf dem Gehweg sitzen, wenn einen der laute Autoverkehr nicht stört. *Avenida Francisco Gazmira/Doctor Fleming, tagsüber geöffnet, Kategorie 3*

Cafeteria Eden

Im Erdgeschoß des gleichnamigen Hotels liegt diese Cafeteria. Kleine Gerichte, man kann draußen auf der Plaza sitzen. *Plaza de España, tagsüber geöffnet, Kategorie 3*

Das Rathaus an der Plaza de España in Los Llanos

El Hildago
Restaurant mit schöner kanarischer Atmosphäre. *Calle José Antonio 21, tgl. außer Mi 12–23.30 Uhr, Kategorie 2*

El Rinconito, arepería
Die Spezialität sind original venezulanische arepas. *2,5 km hinter Los Llonas Richtung Puerto Naos, gegenüber dem Laden Agro Isla Verde, tgl. ab 19 Uhr, Kategorie 3*

La Casona de Argual
Geschmackvoll eingerichtetes Restaurant mit internationaler Küche. *Llano de San Pedro (Richtung Tazacorte links durch das Mauertor), tgl. außer Mo 13–15.30 und 19.30–23.30 Uhr, Kategorie 1*

Restaurante San Petronio
Italienisches Restaurant gehobenen Standards. *Camino Pino Santiago, Richtung El Paso auf der alten Straße. Di, Mi, So Mittagstisch und Do–Sa ganztags und abends. Kategorie 2*

Salta Si Puedes
Großes Grillrestaurant mit Ziegen- und Kaninchenspezialitäten. *Avda. Tanausú 29, 10 bis 23 Uhr, Kategorie 2*

EINKAUFEN

Calle Iglesia 5
Dieser kleine Laden ohne erkennbaren Namen wird kaum von Touristen frequentiert, hat jedoch ein breites Angebot an Strohhüten und anderen palmerischen Gebrauchsartikeln. *Calle Iglesia 5, 9–13 und 17–19 Uhr*

Lando
Internationale Kunstartikel. *Calle Calvo Sotelo 4, 9–13 und 17–19 Uhr*

Librería Benehoare
Zeitschriftengeschäft mit internationaler Presse. *Calle Diaz Pimienta, gegenüber Rathaus, 9–13 und 17–19 Uhr*

Mercado
In der kleinen Markthalle gibt es alle palmerischen Landerzeugnisse frisch. *Plaza Mercado, Mo–Sa 8–14 Uhr*

Teimi
Ein großes Kunsthandwerkergeschäft mit palmerischen Spezialitäten wie *bordados* (Stickereien). *Avda. Doctor Fleming »Edificio Fleming«, 9–13 und 17–19 Uhr*

HOTELS

Aridane
Zentral gelegenes Drei-Sterne-Hotel. *Los Llanos, 40 Zi., Glorieta Olivares 5, Tel. 46 26 00, Kategorie 2*

Eden
Hostal Residencia, zentral, direkt an der Plaza de España. Bei fiestas ist es auf der Plaza laut. *Los Llanos, 18 Zi., Plaza de España, Tel. 46 01 04*

Palma Jardín
Ruhige, sehr schöne Apartmentanlage mit großem kanarischem Garten, Schwimmbad und Tennisplatz, oberhalb von Los Llanos gelegen. *Urbanización Celta, Richtung El Paso die Hauptstraße, ca. 600 m nach der Verkehrsinsel links, 24 Apartments, Tel. 46 35 67, Kategorie 1*

Pensión Time
Einfache Pension. Sie ist zentral an der Kirche gelegen. *Los Llanos, 11 Zi., Calle Iglesia 3, Tel. 46 09 07, Kategorie 3*

AM ABEND

Diskothek Triangulo
Etwas für junge Leute. *Los Llanos, Avenida Francisco de Gazmira 24*

AUSKUNFT

In Los Llanos gibt es kein offizielles Touristenbüro. Auskünfte aller Art, auch in kommerziellen Angelegenheiten, außerdem mit einer Angebots- und Suchbörse sowie La-Palma-Literatur, ist »Contacto«. Man spricht deutsch und englisch. *Los Llanos, General Yagüe 5, Tel. 46 32 04, Mo–Fr 9.30–13.30 und 16–19 Uhr, Sa 9.30–13.30*

ZIELE IN DER UMGEBUNG

Los Llanos hat einen großen Busbahnhof, von dem regelmäßig Busse in alle Richtungen fahren, z.B. nach Garafia, Puerto Naos, Tazacorte und Santa Cruz. Er befindet sich in der Calle Ramón Pol, die von der Avenida Enrique Mederos abgeht.

Casona Massieu van Dalle (B 7–8)
Casonas sind die Herrenhäuser der großen Landbesitzer. Auf La Palma gibt es einige, viele davon sind nicht mehr regelmäßig bewohnt, weil die Familien manchmal woanders von ihren Pfründen leben. Der Staat bemüht sich, einige dieser *casonas* zu erwerben, um daraus künftig Kulturzentren zu machen.

Ein Beispiel ist die *casona* Massieu van Dalle in Richtung Tazacorte, kurz hinter Los Llanos. Sie ist zu besichtigen, sehenswert ist auch die Anlage mit einem parkähnlichen, nun heruntergekommenen Vorplatz. Kulturelle Veranstaltungen. *Richtung Tazacorte, 1 km hinter Los Llanos, Toreinfahrt links, unregelmäßig geöffnet*

El Time (B 7)
★ Ein ca. 600 m hoher Aussichtspunkt mit Blick über das gesamte Aridanetal bis zur Küste und zur Cumbre. Restaurant, *Kategorie 2, Los Llanos, Landstraße 832 Richtung Norden*

Santuario de Nuestra Señora de las Angustias (B 7)
Auf dem Weg nach El Time, wenige Kilometer hinter Los Llanos, liegt auf der rechten Seite eine kleine, renovierte Kirche. Herrliche kanarische Decke und Figur der *Señora de las Angustias* aus dem 16. Jh., die Schutzheilige des Tals, eine der herausragendsten Barockarbeiten auf der Insel. *Los Llanos, Landstraße 832, tagsüber geöffnet, Eintritt frei*

PUERTO NAOS

(**B 9**) Rund 10 km südlich von Los Llanos liegt La Palmas Versuch, mit Hilfe eines schwarzen Sandstrandes doch noch etwas vom schnellen Touristengeld abzubekommen. Auf ganz alten Fotos sieht man Fischerhütten und Frauen in der Badetracht ihrer Zeit. Etwas später dann, zu Beginn der achtziger Jahre, erkennt man auf den Postkarten auf einem Felsplateau über dem Meer das, was einmal ein Hotel werden sollte: ein riesiges, mehrstöckiges Betongerippe à la Marbella.

Irgendwie war den Investoren das Geld ausgegangen, und der Schandklotz wurde schließlich gesprengt.

An seiner Stelle steht nun das Vier-Sterne-Hotel Sol La Palma,

das größte Haus am Strand und vielleicht sogar der Insel.

Vom Ort selbst ist so gut wie nichts geblieben, was man ein palmerisches Dorf nennen könnte, ein weiteres Beispiel dafür, wie durch den Tourismus gewachsene Strukturen verschwinden. Puerto Naos könnte auch ein Ort an einem x-beliebigen Strand in der Welt sein, mit dem »Weltbürger« Tourist als zeitweiligem Bewohner, Nutzer und Verbraucher.

Der Strand wurde hübsch mit Palmen bepflanzt, über ihm verläuft eine Promenade, auf der die Bauarbeiter des Ortes auf die Badegäste schauen und mit Kommentaren nicht sparen. Bis vor kurzem war Puerto Naos eine Baustelle mit aufgerissenen Gehwegen, Kieshaufen und Betonmischern an den Ecken, halb fertiggestellten Häusern, herumliegenden Kabeln und zeitweise gesperrten Straßen. Dieser Zustand hat sich inzwischen gebessert.

Das Leben auf der Promenade, wo es Bars mit kühlem deutschen Bier gibt, wo Sonnencreme und Liegematten verkauft werden und von wo es zum kühlen Naß nur wenige Schritte sind, ist bunt. Es wurde übrigens öfters von schmutzigem Wasser berichtet, und das Gerücht ging um, daß man mancherorts die Kläranlagen zu klein gebaut habe.

RESTAURANTS

La Nao

Hier gibt es neben anderem *tapas* und internationale Gerichte. Man kann auch unter Sonnenschirmen auf der Promenade sitzen. Ein sehr angenehmer Platz. *Playa de Puerto Naos, Kategorie 2*

Sol La Palma

Das Restaurant in diesem Hotel bietet internationale Küche. Es gibt ein großes Buffet. *Tgl. ab 18 Uhr, So auch mittags, Playa de Puerto Naos, Kategorie 2*

HOTELS

Apartamentos Castellanos

Ruhig gelegene Apartments mit familiärer Atmosphäre. Liegt oberhalb von Puerto Naos in La Laguna. *8 Apartments, Calle de Morero, Tel. 46 15 56, Kategorie 2*

Apartamentos Pedro Martín

Einfache Apartments unweit vom Strand, die im ältesten Haus am Platze untergebracht sind. *Playa de Puerto Naos, 21 Apartments, Tel. 48 08 25, Kategorie 3*

Hotel Sol La Palma

Hotel mit allen möglichen Serviceleistungen eines internationalen Hauses. Tennis, Sauna, Fitneß, Pool. *Playa de Puerto Naos, 280 Zi., 185 Apartments, Tel. 48 04 00, Kategorie 1*

SPIEL UND SPORT

Außer den Stränden, wie Charco Verde, Remo, Playa Neuva, Las Hoyas und Las Monjas mit FKK sowie dem »offiziellen« Strand von Puerto Naos, bietet das Hotel Sol La Palma auch Nichtgästen Fitneß, Sauna, Pools, Tennis und ein Kinderprogramm. Infos an der Rezeption.

AM ABEND

Auch hier bietet das ☆Hotel Sol La Palma ein breites Programm, mitunter auch Folklore. Informationen an der Rezeption.

TAZACORTE

(**B 8**) Fragt man einen älteren Palmero, was ihm zu Tazacorte einfällt, so nennt er meistens zwei Dinge: »Kommunisten« und »Die Mädchen waren dort früher immer moderner gekleidet als anderswo!« Letzteres hat sich längst nivelliert, während die Kommunisten in Tazacorte bis auf den heutigen Tag eine große Anhängerschaft haben. Oft haben sie auch den Bürgermeister gestellt.

Die Bewohner Tazacortes gelten als wohlhabend, eigenwillig und stolz, aber auch weltoffen. Den Tourismus scheint man gelassen hinzunehmen, und die Fremden werden hier weniger bestaunt als etwa im »wilden Norden«.

Der Ort hat sich den palmerisch-ländlichen Charakter bewahrt, es gibt kleine Plazas, enge Gassen und niedrige Häuser, hinter deren Türen kühler Schatten für Erholung von der Tageshitze und überquellende Blumentöpfe für ein schönes und angenehmes Ambiente sorgen.

Unterhalb von Tazacorte, jenseits reicher Bananenplantagen mit stolzen alten Fincas darin, liegt Puerto Tazacorte, der größte Fischereihafen der Insel. Dort gibt es auch einen (nicht ganz ungefährlichen) Strand, ein Meeresschwimmbecken, an dem seit Jahren gebaut wird, und ein paar kleine Fischerhütten. Es ist auch eine neue Siedlung entstanden, und es gibt einige Apartments für Touristen.

Der Fischerhafen von Tazacorte

Die Geschichte des spanischen La Palma beginnt in Tazacorte. Am 29. September 1492, dem Namenstag des heiligen Miguel und Schutzpatron La Palmas, stürmte Fernández de Lugo mit Soldaten und Priestern beim heutigen Tazacorte an Land. Tazo, der Guanchenhäuptling der Gegend, fiel im Kampf. Der Name Tazacorte ist von diesem Häuptling Tazo abgeleitet. Die Wortkombination von Tazo und Corte bedeutet »der Hof des Tazo«.

Die erste Kirche der Insel, eine kleine Kapelle, wurde bald nach der Eroberung gebaut, und die Padres begannen mit der Christianisierung der letzten Guanchen.

BESICHTIGUNGEN

Iglesia de San Miguel

Die kleine Kirche liegt am Ende der Hauptstraße, die Treppen hinauf. Dort ist auch eine kleine Plaza mit einer gekachelten Pergola, auf der schwer die roten Bougainvillea-Büsche liegen. Ein kleiner Kiosk bietet Getränke. Von hier aus hat man einen Blick über weite Bananenplantagen. *Avda. de la Constitución*

Puerto Tazacorte

★ Der Fischereihafen liegt ca. 3 km unterhalb von Tazacorte. Man kann das Einlaufen der Boote und das Entladen beobachten und von der Mole aus angeln. Links im Hafen gibt es einen kleinen Badestrand mit schattiger Pergola, und außerhalb des Hafens, in Richtung nach links, gibt es einige Fischerhütten, die Fischkooperative und die Bretterbuden, in denen frischer Fisch in etwas rustikaler, aber sehr angenehmer Atmosphäre serviert wird. *Kategorie 2*

RESTAURANT

Restaurante Playa Mont

Frische Fischgerichte und Fleisch vom Grill, ein guter Service und die Möglichkeit, draußen zu sitzen, machen den Reiz dieses Lokals aus. Einige der wenigen Insel-Kokosnußpalmen wachsen hier. Weil der Publikumsverkehr hier manchmal sehr rege ist, erkundigen Sie sich unbedingt nach Möglichkeiten zur Tischreservierung. *Puerto Tazacorte, tgl. außer Do ab ca. 12 Uhr, Kategorie 2*

HOTELS

In Tazacorte gibt es einige Apartamentos direkt im Ort und das erstgenannte am Hafen, in Strandnähe.

Apartamento Luz y Mar

Einfache Einrichtung mit Dachterrasse zum Sonnen, unweit von Meer und Hafen gelegen. *Puerto Tazacorte, 12 Apartments, Tel. 48 06 00, Kategorie 2*

Casa Amarilla

Ruhige und hübsche Anlage mit vielen tropischen Pflanzen im Garten. Pool. Deutsche Leitung. Außerhalb Tazacortes, Weg unbedingt erfragen unter *Tel./Fax 48 01 62, Kategorie 1*

ZIELE IN DER UMGEBUNG

Cueva Bonita (B 8)

Die »hübsche Höhle« ist nur mit dem Boot erreichbar. Man frage einen Fischer im Hafen und han-

dele den Preis aus. Fast zu jeder Tageszeit werden Sie einen Fischer ausfindig machen können, der Sie zu der Höhle fährt. Die Gesamtfahrt dauert ca. drei Stunden. Man fährt mit dem Boot in die kleine Höhle hinein, unbequemes Aussteigen ist nicht nötig. *Richtpreis 6000 Ptas.*

Landstraße Tazacorte – Puerto Naos **(B 8–9)**
Diese Straße führt ca. 12 km bis Puerto Naos und geht durch dichtes Bananengebiet. Von hier kann man den Anbau der Früchte aus nächster Nähe sehen und hat außerdem einen guten Blick aufs Meer.

Bananenplantage in der Nähe von Tazacorte

Schön und verschlafen

Stille, eine erholsame Landschaft und kaum Touristen

Diese Region ist, zusammen mit dem äußersten Norden, die am wenigsten für den Tourismus entwickelte. Aber auch die dort lebenden Palmeros fühlen sich – je weiter man nach Norden kommt – von staatlich geförderter Entwicklung vernachlässigt, wenn nicht gar ausgeschlossen. Schulwesen, Gesundheitswesen und Infrastruktur sind neuralgisch unterentwickelte Bereiche im Vergleich zu anderen Gebieten La Palmas.

Diese traditionelle Isolation vom Rest der Insel und der Welt war eine Ursache dafür, daß aus diesem Gebiet besonders viele Menschen nach Venezuela emigrierten, legal und illegal. Sie kehrten selten zurück in ihre Heimat, die weniger zu bieten hatte als das Leben jenseits des Ozeans.

Viele *canteros* (Terrassenfelder) sind verlassen; die rote Erde schimmert durch das von der Sommersonne gelbgedörrte Gras. Die Erde ist fruchtbar, und das Gebiet könnte satte Ernten einbringen, doch bis die Produkte zu den fernen Märkten gelangen, um dort mit Kartoffeln und Wein aus Spanien zu konkurrieren, sind die Erlösmargen schon vom Transport aufgefressen, und der im Nordwesten erzeugte Ziegenkäse sowie die vielen Früchte wie Aprikosen, Pflaumen und Pfirsiche können die Bauern nur mühsam ernähren.

Von Los Llanos nach Norden fahrend, findet man das Gebiet bis Tijarafe noch relativ dicht besiedelt. Mandelbäume sieht man allenthalben. Puntagorda ist das Zentrum des gewerblichen Mandelanbaus. Hier findet auch das viel besuchte Mandelblütenfest Anfang Februar, manchmal auch schon Ende Januar statt.

Ab Puntagorda werden die *barrancos* tiefer und unzugänglicher, die Bergwände mitunter senkrecht. Die Straße 832 windet sich in endlosen Kehren um kleine Weinfelder, Aprikosen- und Pflaumenhaine und unter mächtigen Kiefern entlang.

Die Sonne ist heiß hier im Sommer, und erst im hohen Norden weicht die verbrannte Erde

Die felsenreiche Küste bei Garafia, Blick von der Punta de Santo Domingo

einem frischen Grün. Im Winter fällt der Regen häufig und langanhaltend, taucht das Land in neue Frische und bewirkt manchmal einen Erdrutsch.

Für den Touristen öffnet sich ein Land voller Stille, ja fast Verschlafenheit. Die Hauptorte Garafia und Puntagorda sind, besonders Garafia, noch ein Abbild des alten La Palma, als der Tourismus noch unbekannt war.

Es gibt wenige Unterkünfte, dafür einige rustikale Bars und kleine Läden für das Nötige, Wanderwege, eine wunderschöne mittelgebirgige Landschaft und Spuren der Guanchen in einigen Felshöhlen.

In dieser Region liegt auch La Palmas höchster Gipfel, der Roque de Los Muchachos, mit majestätischen 2426 m Höhe und dem Observatorium. Von dort gibt es einen tollen Rundblick.

GARAFIA

(**B 2**) Von aller Welt vergessen, so scheint es, ist Garafia. Im Winter stürmt es an die Küste, der Regen liegt wie ein Ölfilm auf den Fensterscheiben. Da ist es gut, daß es noch einige Bars in Garafia gibt, in denen man bei Domino und im geduldigen Warten auf irgend etwas die Zeit herumbringen kann. Die wenigen Dorfstraßen sind dann ausgestorben, und die tristen Fassaden schon lange nicht mehr gestrichener Häuser tragen noch mehr zur Verlorenheit dieses Ortes bei. Hier gibt es die obligatorische Guardia Civil Station mit ihrem festungsartigen Bau, ein Kirchlein, einige Läden, eine Tankstelle, zwei neue Restaurants, eine Zwergschule und rund 2000 Menschen, die recht und schlecht, auf jeden Fall bisher ziemlich abgeschnitten leben.

Die mangelnde Kommunikation mit dem Rest der Insel war immer das größte Problem für das Leben der Menschen hier. Das soll sich seit dem Bau der Straßenverbindung Barlovento – Garafia ändern, jetzt ist Garafia von Santa Cruz aus bequemer zu erreichen. Vielleicht gibt es nun eine Chance, Investoren heranzuziehen, mehr Geld von der Regierung für dringende Sozialprojekte und einen schnellen Ab-

MARCO POLO TIPS FÜR DEN NORDWESTEN

1 El Tablado
Ein Weiler, hoch über dem Meer gelegen, mit alten Drachenbäumen (Seite 75)

2 Strecke Garafia–Las Tricias
Auf dieser etwa 10 km langen Nebenstrecke überquert man atemberaubende Barrancos und mit Sukkulenten bewachsene Hügel (Seite 75)

3 Roque de los Muchachos
Die beste Aussicht der Insel in majestätischer Höhe (Seite 76)

4 Punta de Santo Domingo
Unterhalb von Garafia liegt dieser Aussichtspunkt hoch über dem Meer, von dem man auch zum »Hafen« von Garafia hinabsteigen kann (Seite 76)

Idyllisch gelegenes Haus bei Puntagorda

satzweg für die traditionellen Produkte wie Wein, Ziegenkäse und Holzkohle zu bekommen.

Einstweilen wartet man wie die Männer beim Dominospiel. Entweder auf die Rückkehrer mit Geld aus der fernen Emigration oder auf ein Ende der Isolation. Da könnte der langgehegte Investitionsplan der Regierung helfen, der mit 20 Mrd. Peseten der Region und Garafia unter die Arme greifen will.

Garafia hat in der frühen Francozeit besonders hart gelitten, noch heute erzählen die Alten, daß man ohne Strafe auf eigene Rechnung keine Kartoffeln verkaufen durfte; das blieb dem Bürgermeisteramt vorbehalten. Für Menschen, die von der Landwirtschaft leben mußten, ein wirksamer Würgegriff. Ganze Nachbarschaften wanderten daraufhin aus, und die meisten kehrten nicht zurück. Das fruchtbare Land liegt nun vielfach brach, die Ziegenherden sind die einzigen, die es noch betreten.

Einmal im Jahr geht es allerdings richtig rund in Garafia. Wenn am 13. Juni die größte Viehschau der Insel mit einem Riesenvolksfest in San Antonio del Monte, oberhalb vom Ort Garafia, abläuft.

»So viele Autos, wie dann an einem Tag kommen, sehen wir das ganze Jahr nicht«, sagt ein Alter und läßt die Dominosteine klicken. Aber auch ohne dieses Spektakel, an dem dicke Rinder und langhaarige Ziegen prämiert werden und der Wein in Strömen fließt, ist Garafia von großem Reiz; wie alle Orte im Norden hat es sich das authentisch Palmerische erhalten, unfreiwillig zwar und zum Nachteil seiner Bewohner, aber zum Entzücken der fremden Besucher.

BESICHTIGUNG

Templo de Nuestra Señora de La Luz

Sie ist eine der ältesten Kirchen der Insel, erbaut wurde sie im Jahre 1550. Besonders schön ist die hölzerne Kassettendecke im Mudejarstil. *Garafia, Plaza de Baltazar Martín, tagsüber geöffnet*

Die Landwirtschaft ist ein wichtiger Wirtschaftszweig im Nordwesten

RESTAURANTS

El Bernegal

Dies ist das Restaurant einer einheimischen Kooperative. Ein wirklicher Höhepunkt in der kulinarischen Ödzone des Nordens. *Garafia, Calle Díaz y Suarez 5, tgl. 9–23.30 Uhr, Kategorie 2*

Parrilla El Bailadero

Hier gibt es Gegrilltes und Wein aus der Gegend, auch aus dem Teakholzfaß, das den Wein harzig schmecken läßt. *Garafia, an der Abzweigung von der 832 zum Roque de Los Muchachos, tgl. 9–14 und 17–23 Uhr, Kategorie 3*

UNTERKUNFT

Seit 1995 laufen im Gebiet um Garafia einige touristische Projekte, u. a. von europäischen Projektträgern initiiert. Es geht vor allem um Volksmuseen, Fabriken für einheimische Erzeugnisse (Käse) und um Unterkünfte im Rahmen des ländlichen Tourismus *(turismo rural)*. In diesem Zusammenhang ist auch eine Jugendherberge entstanden, die allerdings nur Gruppen aufnimmt. *Anmeldung unter Tel. 40 00 06. Über zu vermietende Landhäuser in der Zone erkundigt man sich im Touristenbüro Santa Cruz.*

SPIEL UND SPORT

Baden und Angeln

Unterhalb von Garafia, am Ende der Straße nach »El Puerto« (ausgeschildert), gibt es einen Parkplatz. Von dort führt ein schmaler Pfad hinunter zu einem alten Anleger und zu einigen Fischerhütten. Der Abstieg dauert 15–20 Min. Bei Niedrigwasser kann

man dort in einem kleinen Naturbecken baden und von dort auch angeln.

ZIELE IN DER UMGEBUNG

Ecomuseo Las Tricias **(A–B 3)**
Arbeitslose Jugendliche des Ortes haben dieses erfrischend unprofessionelle Museum ins Leben gerufen. Außerordentlich viele Infos und Eindrücke über die ländliche Kultur der Insel. Es werden auch verschiedene fachkundige Wanderungen in die nähere Umgebung durchgeführt. *Las Tricias, neben der Kirche, Auskünfte unter Tel. 40 03 36, Eintritt 200 Ptas, tgl. außer Sa und So 9–13 und 15–19 Uhr*

El Tablado **(C 2)**
★ Ein malerisch gelegener Weiler an der Nordküste, wo auch einige imposante Drachenbäume stehen.

La Zarza **(G 2)**
Am Ende eines Barrancos, unweit von Garafia, liegt die La-Zarza-Höhle (*Fuente de La Zarza*) mit einigen Felsinschriften in unmittelbarer Nähe.

Oberhalb Garafias, auf der Landstraße Richtung Forsthaus, dann rechts. Informationszentrum kürzlich (1995) eröffnet.

Richtung Las Tricias **(A–B 2–3)**
★ Die Nebenstrecke in Richtung Süden, von Garafia

Die nach den Sternen greifen

Am Rande des Nationalparkes Caldera de Taburiente, in luftigen 2400 m über dem Meeresspiegel, steht Europas größtes Nachtteleskop, zusammen mit dem William-Herschel-Teleskop, dessen Spiegel einen Durchmesser von 4,20 m hat.

Im Jahre 1985 wurde mit der Installation des Observatoriums begonnen. Im Laufe von vier Wochen mußte die gesamte Hardware, mit zusammen 350 Tonnen Gewicht, über die enge, steile Landstraße vom Hafen Santa Cruz auf den Roque de Los Muchachos transportiert werden, manche Einzelstücke hatten eine Größe von 6 x 8 Metern und wogen allein 30 Tonnen.

Nach dieser Transport-Meisterleistung errichteten Techniker und Wissenschaftler des britischen Royal Greenwich Observatory die Anlage, die 1987 ihre Arbeit aufnahm.

Heute arbeiten dort rund um die Uhr Wissenschaftler, Computerfachleute, Ingenieure, Mechaniker, Administratoren usw. aus den am Projekt beteiligten Nationen wie Dänemark, Deutschland, England, Finnland, Frankreich, Holland, Schweden, Spanien u. a.

Die Besichtigung des Observatoriums wird grundsätzlich nur Fachleuten ermöglicht, obgleich es mehrere Male im Jahr einen »Tag der offenen Tür« gibt, allerdings ohne feste terminliche Planung.

Auskunft erteilt das Büro des IAC *(Instituto de Astrofísica de Canarias)*, es befindet sich in Santa Cruz, El Puente, Edificio Tiniaba.

nach Las Tricias, beginnt im Ort Garafia (ausgeschildert) und verläuft weit unterhalb der Landstraße 832.

Es geht über tiefe Barrancos, die mit zahlreichen Höhlen durchzogen sind, vorbei an alten kanarischen Häusern und mit einem Blick über gelbbraune Hügel zum Meer.

In Las Tricias, hinter dem ersten Kaufmannsladen rechts, kann man auf einer staubigen Piste hinunterfahren. Vorbei an Autowracks ausländischer Residenten und sogenannten alternativen Wohnsitzen geht es durch eine mit Terrassen durchzogene Landschaft. Bald sieht man rechts den Drachenbaumhain von Buracas.

Punta de Santo Domingo (A–B 2)
Drei km unterhalb Garafias, am Friedhof vorbei, führt eine Straße (Hinweisschild »El Puerto«) zu einem Parkplatz mit Picknickgelegenheit. Dies ist ein ★ Aussichtspunkt oberhalb der Punta de Santo Domingo. Blickt man nach Norden, sieht man riesige Felsen in der Brandung stehen.

Man hat einen weiten Blick die Küste hinauf und hinunter und zurück auf die Berge.

Roque de Los Muchachos (C 3)
Auf der Verbindungsstraße Garafia–Santa Cruz geht es in engen, endlosen Kehren in die Höhe. Nach 12 km Fahrt durch einen Kiefernwald und im Mai–Juni gelbblühende Ginsterfelder erreicht man den ★ höchsten Berg La Palmas. Folgt man den Hinweisschildern (nach rechts am Verwaltungsgebäude des Observatoriums vorbei), kommt man zum höchsten Aussichtspunkt der Insel. Bei gutem Wetter kann man über die ganze Insel schauen, mitunter bis zum Teide auf Tenerife.

In den Wintermonaten behindern Eis und abgerutschte Steine häufig die Zufahrt, mitunter gibt es auch äußerst hinderlichen Schneefall.

Das Observatorium auf dem Roque de Los Muchachos

Warnung: Der Parkplatz beim Aussichtspunkt ist öfters Schauplatz von Autoeinbrüchen.

PUNTAGORDA

(**A 3**) Der zweite größere Ort in dieser Region ist Puntagorda. Von Los Llanos liegt er etwa 26, von Garafia etwa 20 km entfernt an der breitesten Stelle der Insel. Tiefe Barrancos mit Höhlen und steilen Wänden behinderten lange Zeit den Zugang in das Gebiet; heute hat die gut ausgebaute Landstraße 832 Puntagorda genauso schnell erreichbar wie alle anderen Orte La Palmas gemacht.

Das Gebiet ist trocken und warm. Die Menschen leben überwiegend von der Landwirtschaft. Die rote Erde läßt alles gedeihen, sobald Wasser herangeführt wird, wie Bananen, Äpfel, Pflaumen, Aprikosen, Feigen, Wein, Tomaten und Mandeln. Dies ist das Hauptanbaugebiet für Mandeln, ihre kräftig grünen Blätter auf schwarzem Stamm sind überall zu sehen.

Für viele ist die Gegend um Puntagorda der schönste Teil der Insel, aber eben ganz anders als die feuchtere und somit grünere Ostküste. Die recht vielfältige Vegetation – es wachsen Palmen, Drachenbäume und subtropische Früchte genauso wie nordeuropäische Obstsorten und knorrige Kiefern – sowie die schroffen Berge und das ewig blaue Meer machen den Reiz der Landschaft aus.

Das haben auch viele Ausländer erkannt, indem sie sich hier niedergelassen haben. Für lange Zeit gab es eine alternative Szene, die Landbau betrieb.

Puntagorda ist Ende Januar bzw. Anfang Februar, je nach Fortschritt der Mandelblüte, Mittelpunkt des Mandelblütenfestes, wo u. a. Musikgruppen auftreten.

RESTAURANTS

Restaurante Parrilla La Brasa
Einfache palmerische Küche, mit gegrilltem Fleisch als Hauptgericht und Wein der Gegend. *Puntagorda, an der Hauptstraße, tgl. ca. 12–23 Uhr, Kategorie 3*

Parrilla Terraza Pino de La Virgen
Dieses Restaurant mit dem langen Namen hat als Spezialitäten Kaninchen und Zicklein in Sauce, auch Wein der Gegend. Man kann draußen unter Bäumen sitzen. *Puntagorda, an der Hauptstraße, tgl. außer Fr 9–14 und 17–23 Uhr, Kategorie 3*

HOTELS

Es gibt einige Privatunterkünfte deutscher Residenten sowie Unterkünfte turismo rural. Auskunft wird in der *Parrilla Pino de la Virgen* erteilt.

ZIEL IN DER UMGEBUNG

Picknickplatz (**A 3**)
Wenige Kilometer hinter Puntagorda, an der Dorfstraße nach Norden, liegt auf der rechten Seite der Parque Fayal ein großer Picknickplatz mit Grillstellen, Holz und Wasser sowie Toiletten. Für Kinder gibt es einige Schaukeln.

Am Wochenende ist dieser Platz stark von palmerischen Familien besucht, eine gute Gelegenheit, den Palmeros »in den Topf zu schauen«.

Caldera de Taburiente

Wanderparadies in der Urlandschaft des größten Erosionskraters

Viele kommen nur seinetwegen: Geologen, Biologen, Ornithologen, Höhlenforscher, Alpinisten und Wanderer. Seine Ausmaße sind gewaltig, rund 10 km im Durchmesser, mit Höhenunterschieden von bis zu 2000 m und mit Gipfeln, die 2400 m in den Himmel steigen und im Winter schneebedeckt sein können. Die *Caldera de Taburiente,* der »Kessel von Taburiente«, ist in vielerlei Hinsicht das Herz der Insel La Palma, nicht nur geographisch gesehen.

Hier liegen die reichsten unterirdischen Wasserreservoire der Insel. Hier leben auch alle wild vorkommenden Tierarten der Insel, gedeihen alle Arten der reichen palmerischen Flora. Der Ort hat etwas Mystisches. Unter den steilen Wänden, in einer raumfüllenden Stille, die hin und wieder vom Rauschen des Wassers, dem Wind in den Pinien und dem durchdringenden Ruf einer *graja,* der palmerischen Dohle, unterbrochen wird, kommt sich der Mensch recht klein und unbedeutend vor. Dies mögen auch die Guanchen, die Ureinwohner La Palmas, empfunden haben, denn dieses Gebiet, einige Felsen, Gesteinsformationen und Bäume waren ihnen heilig; Orte, an denen sie ihrem Gott Abora Opfer darbrachten, um Schutz vor Steinschlag und plötzlichen Wetterwechseln zu erflehen.

Geopfert wird in unseren Zeiten bestenfalls dem Tourismus, doch Wind und Wetter sind geblieben. Die Urlandschaft, z. T. durch Wanderpfade zugänglich, mit ihren steilen Wänden, Monolithen, Wasserfällen und Bächen, mit alten Pinien und verkrüppelten Zedern und mit Weitblicken über bizarre Felsen hinweg, ist nun und besonders seit der Einrichtung als Nationalpark zum Wanderparadies der Insel geworden.

Ausblick von La Cumbrecita in die Weiten der Caldera de Taburiente

Kampf um Land und Wasser

Fernández de Lugo, der 1493 La Palma eroberte, hatte ziemlich schnell die Insel unter seiner Kontrolle. Von den zwölf Kantonen, an deren Spitze jeweils ein *mencey,* ein Fürst, stand, waren elf nach sieben Monaten in Lugos

MARCO POLO TIPS FÜR DEN NATIONALPARK

1 Wandern in der Caldera
Mehrere Wanderwege führen zu den schönsten Plätzen des Nationalparks (Seite 84)

2 Quellen in der Caldera
Kein Nationalpark auf den Kanarischen Inseln ist so reich mit Wasser gesegnet (Seite 83)

Hand. Allein der zwölfte, im heutigen Kessel von Taburiente gelegen, war nicht so rasch zu unterwerfen.

Hier hatte sich der Guanchenfürst Tanausú verschanzt. Die steilen Felswände, aus deren Innerem nur ein einziger Ausgang führte, nämlich der leicht kontrollierbare *Barranco de Angustias,* der bei Tazacorte ins Meer mündet, bildeten eine natürliche und schwer einnehmbare Festung.

Lugo, ohnmächtig, mit seinen Waffen und Reitern in diese Art von Festung einzudringen, griff zur List. Er lockte Tanausú unter Versprechungen aus dessen sicherem Versteck und nahm ihn gefangen. So ihres Führers beraubt, ergaben sich die Belagerten, und Lugo konnte La Palma als endgültig erobert nach Spanien melden.

Zwar fanden die Spanier, die bei ihren Eroberungszügen stets auf Gold aus waren, davon nichts in der Caldera. Dafür machten sie eine andere, für die Kolonisation der Insel wichtige Entdeckung: Wasser. Es sprudelte aus zahlreichen Quellen der steinigen Kesselsohle hervor und brauchte nur aufgefangen, kanalisiert und gesammelt zu werden.

Das Wasser und die Rechte daran blieben zunächst in der Familie. Lugos Neffe, Juan de Lugo, bekam von seinem Onkel das gesamte Nutzungsrecht im Jahre 1502 zugesprochen.

Schließlich wurde im Jahre 1557 die Erbengemeinschaft von Argual und Tazacorte gegründet. Sie hatte nun das alleinige Recht zur Nutzung des Caldera-Wassers. Noch heute existiert für eine Nachfolgegesellschaft dieses Recht, nun allerdings mit fast zweitausend Aktionären, die das Wasser bewirtschaften und es weiterverkaufen.

Erst kürzlich, im Jahre 1992, wurde ein weiteres, riesiges unterirdisches Wasserreservoir in der Umgebung der Caldera entdeckt. Ob es je genutzt wird, hängt auch von der Naturschutzbehörde Icona ab.

Die Icona ist nämlich alleiniger Verwalter des inzwischen zum Nationalpark erklärten Kessels von Taburiente geworden. 1954 wurde das Gebiet zum Naturpark erklärt, 1981 auf seine jetzige Ausdehnung von 4690 ha erweitert. Damit, laut Icona, »die Arten, mit denen der Mensch seinen Lebensraum teilt, möglichst nicht zu Schaden kommen«.

Kein Vulkankrater, sondern eine Wasserhöhlung

Die Caldera ist kein Krater, der durch einen Vulkanausbruch entstanden ist. Jahrelang waren die

Wissenschaftler dieser naheliegenden Ansicht, wofür auch der Name »Kessel«, die gängige wissenschaftliche Bezeichnung für einen Vulkankrater, steht. Langwierige Forschungen haben beweisen können, daß allein die Wasserkraft und Einstürze im Laufe der Zeit das Gebiet ausgehöhlt haben, mit zahlreichen stehengebliebenen Felsen, die überwiegend aus Basaltgestein bestehen.

Allerdings ruht der Grund der Caldera, wie ja überhaupt die gesamte Insel, auf Vulkanen, die vor ca. 20 Mio. Jahren aus dem Ozean stiegen und das kanarische Archipel formten. Die Caldera hat, mit etwa 10 km Durchmesser, die Form eines Hufeisens. An der nördlichen Seite stehen die höchsten Berge, der *Roque de los Muchachos* mit 2426 m sowie der *Pico de la Cruz* mit 2351 m. Nach Norden hin liegen auch die steilsten Wände, während es zum Ausgang nach Südwesten ständig flacher wird, dort am Eingang der Caldera, bei Dos Aguas, beträgt die Höhe über dem Meeresspiegel nur noch 400 m.

Die Flora in der Caldera

In der Caldera kommen fast alle der auf La Palma heimischen Pflanzenarten vor, wegen des großen Höhenunterschiedes und der damit verbundenen unterschiedlichen Klimazonen.

Betritt man den Naturpark von Südwesten kommend durch den *Barranco de Angustias,* ist die Pflanzenwelt noch auf die wärmeren Niederungen eingestellt. Hier wachsen mächtige Maulbeerbäume und verknorpelte Feigenbüsche. Auf den vom Menschen kultivierten Terrassen stehen Orangenbäume, gedeihen Getreide, Tabak und selbst Wein.

Sobald man die Ebene hinter sich gelassen hat, trifft man auf die Kanarische Kiefer. Sie prägt hauptsächlich die Hänge der Caldera und klammert sich selbst noch an Steilwände.

Zusammen mit den Kiefern steht häufig die *amagante* (Zistrose), eine auffallend hellrosa blühende Pflanze, sowie *faro* (Genosperum), der leuchtend gelb blüht. Beides sind endemische Pflanzen der Kanaren. Am reichhaltigsten sind jedoch Felspflanzen, dickblättrige gelbgrüne, rötliche und sattgrüne Arten von Aeonium sowie *taginaste* (Elchium) mit ihren langen Blütenkerzen.

In den Höhenlagen blühen der Geisklee und versteckt stehende

Die grüne Insel – bald schwarz?

Im August 1994 wüteten im Nordosten La Palmas große Brände, die sich bis an den Rand der Caldera vorfraßen. Fast 3000 Hektar Wald- und Buschland verwandelten sich innerhalb weniger Tage in eine schwarze Aschelandschaft. Alteingesessene Palmeros erinnerten sich nicht, jemals derartige Flächenbrände erlebt zu haben. Die Ursachen für die Brände mögen verschiedener Natur sein. Eine davon ist der achtlose Umgang mit Zigarettenkippen und Grillfeuern. Deshalb sei jeder Tourist aufgefordert, diesbezüglich besondere Vorsicht walten zu lassen. Damit La Palma grün bleibt.

endemische Blumen wie z.B. eine violette Veilchenart, die es nur auf La Palma gibt.

Die Vegetation in der Caldera scheint beim ersten Hinsehen vor lauter Gestein kaum entwickelt zu sein und nur durch die Kanarische Kiefer bestimmt. Doch Liebhaber und Kenner der kanarischen Flora finden im Nationalpark eine mannigfaltige und zum überwiegenden Teil endemische Pflanzenwelt vor.

Die Fauna in der Caldera

Wer in der Caldera wandert, muß schon genau hinsehen, um ein tierisches Lebewesen überhaupt zu entdecken. Meistens sind es Eidechsen und kleine Spinnen, die ins Auge fallen, und in den Bachläufen und stehenden Pfützen auch eine kleine Froschart. Tausendfüßler und kleine, schwarze Spinnen verbergen sich unter Steinen, letztere können schmerzhaft beißen. Die Tausendfüßler haben mitunter eine Länge von bis zu 15 cm. Doch wirklich gefährliche Tiere gibt es in der Caldera nicht.

Die größten Tiere sind Kaninchen. Es wurden zwar auch Mufflons ausgesetzt, aber sie wurden kaum mehr gesehen, und es ist fraglich, ob es sie überhaupt noch gibt. Es ist jedenfalls sehr unwahrscheinlich, daß der Wanderer ihnen auf den Pfaden im Nationalpark begegnet.

Am häufigsten wird der Wanderer in der Caldera Vögel beobachten können. Das Krächzen der Krähen hallt von den Felswänden wider, und die *graja*, die palmerisch-endemische Dohle mit ihren roten Füßen und dem roten Schnabel, ist ein ständiger Begleiter auf einer Calderawanderung.

Außerdem sieht man Ringeltauben, Falken, Amseln und verschiedene Finkenarten. Mitunter verirrt sich auch eine einsame Möwe vom Meer herauf bis in den Eingang zur Caldera.

Wenn einem nach der nächsten Wegbiegung ein Muli gegenübersteht, so ist sein Herr nicht weit. Die Mulis werden vielfach als Lasttiere des Wartungspersonals der Wassergalerien und Kanäle eingesetzt.

Klimatische Verhältnisse

Die Caldera ist nach Norden hin, der Haupteinfallsrichtung der Winde, abgeschirmt. Nur selten gelangt der Wind aus dieser Richtung bis hinunter auf die Kesselsohle. Dagegen gibt es Zeiten, in denen der von Afrika herüberkommende, heiße und trockene *levante* in die Caldera drückt.

Nachts ziehen durch den *Barranco de Angustias* kalte und feuchte Luftströme, die vom Ozean heraufkommen. Für alle Fälle sollten Wanderer, die sich länger in der Caldera aufhalten wollen, wärmere Kleidung für die Nacht dabeihaben und für den Tag nicht ohne eine gegen die Sonne schützende Kopfbedeckung unterwegs sein.

Im übrigen gibt es natürlich auch Schnee im Winter. Allerdings sind nur die höchsten Gipfel mit Eis und Schnee bedeckt, in der Caldera selbst schneit es nicht.

Wasser im Park

Kein Naturpark auf den Kanarischen Inseln ist mit Wasser so reich gesegnet wie die Caldera de Taburiente. Mehrere Bachläufe entspringen am nördlichen Rand des Kessels.

Aus zahlreichen ★ Quellen sprudelt kühles, klares Wasser und fließt über kleine Wasserfälle und rundgewaschene Basaltfelsen abwärts.

An manchen Stellen ist das Wasser rötlich-braun gefärbt, besonders im *Barranco Almendro Armago,* hervorgerufen durch im Wasser gelöstes Eisenhydrat.

Das Wasser, der Geburtshelfer der Caldera, hat in Jahrmillionen das Oberflächengestein abgehobelt. So kommt es, daß an vielen

Eine typische Schlucht in der Caldera

Stellen unvermittelt Felsmonolithen stehen, die bis heute der Kraft des Wassers widerstanden haben. Diese einzeln stehenden Felsen tragen auch zum Reiz der Landschaft bei; einer davon, der *Idafe* gehörte einst zum größten Heiligtum der Guanchen.

Sosehr das Wasser auf der Insel auch gebraucht wird, ein großer Teil fließt ungenutzt durch den *Barranco de Angustias* ins Meer. Nur ein relativ kleiner Teil wird in Kanäle geleitet und der Landwirtschaft zugeführt.

Der Aufenthalt im Park

Bevor man die Caldera de Taburiente und das Grenzgebiet des Nationalparkes bewandert, sollte man sich im Icona-Besucherzentrum in El Paso eingehend über alle Gegebenheiten des Parks informieren. Dazu gehören besonders Informationen über die lokale Wettersituation, den Zustand der Routen und Wanderwege und gegebenenfalls das Einholen einer Camperlaubnis für den einzig dafür vorgesehenen Platz innerhalb der Caldera.

Bei der Icona erhält man Karten und Skizzenmaterial. Außerdem stellt die Icona Interessierten kostenlos kundige Wanderführer. Das Icona-Besucherzentrum liegt an der Hauptstraße Santa Cruz–El Paso, am Abzweiger zur Cumbrecita.

Die von der Icona herausgegebenen Empfehlungen und Ratschläge für Wanderer sollten strikt beachtet werden, besonders was die Zweckmäßigkeit der Kleidung und Ausrüstung angeht. Auch die Wettersituation darf man nicht unterschätzen. Was morgens noch wie der Beginn eines strahlend schönen Tages aussieht, kann schon innerhalb von Stunden zu einem massiven Wettereinbruch führen.

Neben dem Icona-Personal gibt es auch private sowie von den Reiseunternehmen bestellte Wanderführer, die kleine Gruppen durch die Caldera führen sowie Ausflüge zu den interessanten auf der Cumbre liegenden Punkten organisieren.

Natürlich kann man auch Wanderungen in der Caldera oder auf der sie umschließenden Cumbre selbst organisieren. Allerdings sollte man, auch wenn man in parknahen Orten wie Los Llanos oder El Paso sein Quartier hat, auf eine Anfahrt mit dem Auto nicht verzichten. Die Entfernungen sind groß und das Gelände ermüdend genug, so daß man seine Kräfte nicht für lange Anmarschwege verbrauchen sollte.

Wandern in der Caldera

★ Ein günstiger Ausgangspunkt für eine Wanderung in der Caldera ist u.a. Los Llanos. Man fährt mit dem Auto am Busbahnhof vorbei in Richtung Berge. Zunächst ist die Straße noch asphaltiert, sie führt durch Bananenhaine und an Vororthäusern vorbei. Bald geht es in die Höhe, unten links sieht man den *Barranco de Las Angustias.* Auf der gegenüberliegenden Seite kleben einige *fincas* am Hang mit bewirtschafteten Terrassen.

Nach ca. 3 km muß man den *Barranco* und dessen Bach überqueren und der serpentinenreichen Piste folgen, die sich stetig in die Höhe schraubt. Nach ca. 8 km – zuvor passiert man den kleinen Weiler *Hacienda de la cura*

– gelangt man zum Endpunkt der Piste in Los Brecitos mit seinem Aussichtspunkt. Von hier geht ein gut erkennbarer Wanderweg in den *Barranco* hinunter; den Campingplatz erreicht man nach ca. 2 Std. Von dort können verschiedene Wanderungen unternommen werden, über die die einschlägigen Informationsblätter der Icona Auskunft geben.

Aussichtspunkte und Wanderungen auf der Cumbre

Die Caldera kann auf der Cumbre entlang vollständig umwandert werden. Zwischendurch gibt es Aussichtspunkte und Gipfel, die einen phantastischen Blick über den großen Erosionskessel erlauben. Die Aussichtspunkte des *Roque de los Muchachos* und des *Mirador de las Chozas* wurden bereits in den entsprechenden Kapiteln beschrieben. Daneben gibt es noch eine Reihe anderer Gipfel, die zum Teil mit dem Auto erreichbar sind.

Die *Pared de Roberto* ist über die zum *Roque de los Muchachos* führende Landstraße erreichbar.

Der *Pico de la Cruz,* ebenfalls über die Landstraße zum *Roque de los Muchachos* erreichbar, liegt ungefähr 5 km vor dem Gipfel, durch einen Antennenmast leicht zu finden. Von dort kann man sowohl südwärts als auch nordwärts dem Cumbrewanderweg folgen und gelangt südwärts zur *Piedra Llana* und dem *Pico de la Nieve,* zwei um die 2300 m hohe Gipfel, von denen man einen weiten Blick über die Caldera hat. Diese Aussichtspunkte sind auch von Süden, vom *Refugio el Pilar* aus, wandernd zu erreichen.

Wandert man vom *Roque de los Muchachos* auf der Westseite der Caldera nach Süden, so gelangt man schließlich bis El Time, dem oberhalb vom *Barranco de Angustias* liegenden Aussichtspunkt mit Restaurant. Eingang zu diesem Höhenwanderweg ist die Icona-Holztafel kurz vor dem Aussichtspunkt *Roque de los Muchachos.* Bis El Time sind es, je nach Kondition, sechs bis sieben Stunden. Der Wanderpfad ist zum Teil schlecht erkennbar, und es empfiehlt sich, zuvor ausführliche Informationen bei der Icona einzuholen.

Empfehlenswert in diesem Zusammenhang ist das in Buchhandlungen in Santa Cruz erhältliche Büchlein »Caldera de Taburiente«, ein dreisprachiger Wanderführer für den Nationalpark mit einliegender Karte und vielen Fotos.

Die Icona hat folgende Verhaltensregeln für den Aufenthalt im Nationalpark Caldera de Taburiente herausgegeben:

Sie dürfen Abfälle nicht wegwerfen. Um die Eigenheiten der Region zu wahren, darf nichts entfernt und beschädigt werden. Tiere und Pflanzen, die im Nationalparkgebiet nicht vorkommen, dürfen nicht eingeschleust werden. Die Jagd ist ohne Genehmigung nicht erlaubt. Wildes Zelten, das Entfachen von Feuer und das Begehen der als Reservat gekennzeichneten Zonen sind verboten.

Für Wanderungen im Nationalpark gelten folgende Empfehlungen: Wandern Sie niemals allein, tragen Sie Wanderschuhe oder Bergstiefel, verlassen Sie nicht den Weg, schützen Sie sich vor Sonne und Kälte, und führen Sie genug Trinkwasser mit sich.

Von Auskunft bis Zoll

Hier finden Sie Tips für die Reiseplanung und den La-Palma-Aufenthalt

AUSKUNFT

Spanisches Fremdenverkehrsamt
In Deutschland:
Grafenberger Allee 100, 40237 Düsseldorf, Tel. (02 11) 6 80 39 82; Myliusstr. 14, 60323 Frankfurt/Main, Tel. (0 69) 72 50 84, 17 36 17; Postfach 15 19 40, 80051 München, Tel. (0 89) 5 38 90 75

In Österreich:
Rotenturmstraße 27, 1010 Wien 1, Tel. (02 22) 5 35 14 25

In der Schweiz:
Seefeldstraße 19, 8008 Zürich, Tel. (01) 2 52 79 30–31

Auf La Palma:

Für die gesamte Insel ist das Touristenbüro in Santa Cruz zuständig: *Calle O'Daly 22, in der Casa Salazar, Tel. 44 21 06, Öffnungszeiten Mo–Fr 8.15–13.15 Uhr und 15–19.15 Uhr.* In den einzelnen Orten gibt auch das jeweilige Bürgermeisteramt Auskunft.

Für Wanderungen im Nationalpark der Caldera de Taburiente: *Icona in El Paso, Kreuzung Hauptstraße/Zufahrt Cumbrecita*

ÄRZTE

Grundsätzlich genießen alle Bürger aus den EU-Staaten Krankenversicherungsschutz in Spanien und somit auch auf La Palma. Früher mußte man den Auslandsbehandlungsschein bei der palmerischen Sozialversicherung umtauschen, dies ist heute nicht mehr nötig. Statt dessen müssen Sie den Betrag für die ärztliche Behandlung bar vorstrecken, mit der Möglichkeit der Abrechnung bei der Rückkehr ins Heimatland. Es ist ratsam, sich bei der eigenen Krankenversicherung zu erkundigen.

Eine ärztliche Konsultation kostet meistens 5000 Ptas. Zur Zeit gibt es einige deutsche Ärzte auf der Insel:

Dr. Kapser, *Santa Cruz, Avenida El Puente 31, Tel. 41 38 47*

Dr. Klassert, *San Antonio, Edificio La Chatita, Tel. 18 14 14*

Dr. Voss, *Tajuya/El Paso, Camino Espigón 5, Tel. 48 60 28*

Im Notfall kann man natürlich auch das örtliche Hospital aufsuchen, *Las Nieves, Carretera de la Dehesa, Tel. 42 03 00.*

In den kleineren Orten gibt es *Centros de Salud,* wo man Erste Hilfe erhalten kann. *Centro de Salud San Andrés y Sauces: Tel. 45 16 11. Breña Alta: Tel. 43 71 53. El Paso: Tel. 48 59 43.* Die spanischen

Zahnärzte nennt man *odolontologos* oder auch kurz *dentista.* In Santa Cruz: *Belkys Hernández, Avenida El Puente 25, 1. Stock, Tel. 41 41 17;* in Los Llanos: *Bernhard Neusser, Calle Diaz Pimienta 10, Tel. 40 12 38.*

Ärztenotdienste sind in den Apotheken angeschlagen, wo es übrigens alle gängigen Arzneimittel im europäischen Standard gibt, zumeist auch billiger als im Heimatland.

AUTOVERMIETUNG

Wer die Insel wirklich sehen will, braucht ein Auto, da der Busverkehr nicht immer dann läuft, wenn man es gerade will. Es gibt zahlreiche Autovermietungen, besonders in den beiden großen Städten Santa Cruz und Los Llanos. Auch auf dem Flughafen gibt es Büros von verschiedenen Autovermietern.

Sie brauchen einen gültigen Führerschein und Ihren Reisepaß/Personalausweis. Die Kosten bewegen sich je nach Wagengröße um 4000 Ptas pro Tag. Aus versicherungstechnischen Gründen empfiehlt es sich nicht, Autos von Apartmentbesitzern zu mieten, es sei denn, sie betreiben offiziell auch eine Autovermietung mit entsprechender Lizenz.

BANKEN

In allen größeren Orten der Insel gibt es Banken. Postsparkassen gibt es in Santa Cruz und Los Llanos. Überall kann man fremde Währungen in Peseten tauschen. Der Höchstbetrag für die Einlösung von Eurocheques liegt zur Zeit bei 25 000 Ptas pro Scheck. Vom Postsparbuch können innerhalb von 30 Tagen bis zu umgerechnet 2000 Mark abgehoben werden. Die gängigen Kreditkarten werden akzeptiert.

Auf La Palma sind die Banken von 9–14 Uhr geöffnet, manche im Winter auch samstags bis 13 Uhr.

BUSSE

Einen Autobus nennt man auf La Palma *guagua.* Alle größeren Orte sind mit ihm von der Hauptstadt bzw. von Los Llanos aus erreichbar, je nach Fahrtziel manchmal sogar im Stundenrhythmus, während die entfernt im Norden liegenden Orte nur einmal täglich angefahren werden.

In Santa Cruz fahren die Busse von der *Plaza de la Constitución* ab (bei der Post), in Los Llanos vom Busbahnhof. An diesen Abfahrtsstellen sind mit Landkarten versehene Schilder mit den Abfahrtszeiten aufgestellt, nicht aber unterwegs an den jeweiligen Haltestellen, die übrigens mitunter nur durch bereits auf den Bus Wartende erkennbar sind.

CAMPING

Auf La Palma gibt es keine voll eingerichteten Campingplätze. Allerdings kann man mit einer Erlaubnis der Icona, dem *permiso de acampado,* im Nationalpark Caldera de Taburiente auf dem dafür vorgesehenen Platz, der nur zu Fuß erreichbar ist, sein Zelt aufschlagen.

Außerdem darf auf den Picknickplätzen, den *zonas recreativas,* gezeltet werden. Dort gibt es auch Wasser, Toiletten, Feuerholz und eine hin und wieder in

Erscheinung tretende Aufsichtsperson von der Forst- oder Umweltbehörde. Auch für diese Plätze braucht man eine Camperlaubnis, erhältlich bei *Medioambiente, im Edificio multiple uso, 4. Stock, links neben dem Postamt in Santa Cruz.*

Ein ausdrückliches Verbot für eine Übernachtung im Wohnmobil auf öffentlichem Grund gibt es nicht.

FOTO

Alle gängigen Negativ- und Diapositivfilme sind auf La Palma erhältlich. Wer es eilig hat, kann innerhalb eines Tages seine Farbfilme entwickeln lassen, z.B. in Santa Cruz bei *Foto Moreno, Avda. Marítima 11.* Dort kann man auch Fotokopien erstellen.

INTERINSULARE VERBINDUNGEN

Zwischen den Kanarischen Inseln verkehren Fährschiffe und Linienflugzeuge.

Eine Fahrt mit der Fähre nach Tenerife dauert z.B. acht Stunden und kostet für einen einfachen Platz rund 5000 Ptas. Mit dem Flugzeug dauert es ca. 30 Min., der Preis ist ungefähr derselbe.

Direktverbindungen von La Palma gibt es nach Tenerife (Schiff und Flug) und Gran Canaria (Flug). Auskünfte für den Fährverkehr erteilt: *Transmediterranea, Santa Cruz, Calle O'Daly 2, Tel. 41 11 21*

Für Flugverkehr: *Iberia bzw. Binter, Santa Cruz, Calle O'Daly 19, Tel. 41 13 45*

Für Tarifauskünfte wende man sich an: *Flughafen von La Palma, Tel. 44 04 27*

KLIMA/REISEZEIT

Nichts ist wechselhafter auf La Palma als das Wetter. Innerhalb weniger Stunden zieht sich der Himmel zu oder reißt auf; auf den Bergen scheint die Sonne, und am Meer sieht man vor lauter Wolken kein Blau mehr – oder umgekehrt. Ab Oktober kann es anfangen zu regnen, beständig zunächst nur, wie aus Kübeln dann vom November bis Januar. In diesen Monaten sinkt auch die Temperatur, zumindest örtlich. In der Höhenlage von Mazo können es dann durchaus nachts zehn Grad sein, während tagsüber in Santa Cruz das Thermometer auf 25 Grad ansteigt.

KONSULATE

Die nächstgelegenen Konsulate europäischer Länder befinden sich in Santa Cruz de Tenerife.

Deutschland: *Avda. de Anaga 45, Santa Cruz de Tenerife, Tel. 28 48 12*

Österreich: *Calle San Francisco 17, Santa Cruz de Tenerife, Tel. 24 37 99*

Schweiz: *Calle El Cid 38–40, Las Palmas de Gran Canaria 10, Tel. 9 28–21 25 20.*

Es gibt ein deutsches Honorarkonsulat. *Sta. Cruz de La Palma, Calle O'Daly 39, Tel. 41 33 44*

LITERATUR ZU LA PALMA

Es gibt eine Reihe von Büchern, die sich, der Vielfältigkeit der Insel folgend, mit ganz speziellen Themen befassen. Hier eine Auswahl, die natürlich nicht vollständig sein kann.

»Die Kanarischen Inseln. Ihre Ureinwohner und die Eroberer« von J. Pérez Ortega, 1987.

»Kanarische Flora – Illustrierter Führer« von David und Zoe Bramwell, 1983, Editorial Rueda, Madrid.

»Die Kanarischen Inseln und ihre Pflanzenwelt« von Günther Kunkel, Gustav Fischer Verlag, Stuttgart, 1987.

»Die exotische Pflanzenwelt auf den Kanarischen Inseln« von Juan-Alberto Rodríguez Pérez, Editorial Everest, Madrid.

»Guía de las Aves de las Islas Canarias« von José Manuel Moreno, Editorial Interinsular Canaria. Dies ist ein farbig illustrierter Vogelführer mit mehrsprachigen (auch deutschen) Erklärungen.

POLIZEI

Wie im spanischen Mutterland, so gibt es auch auf La Palma verschiedene Polizeidienste. Für den Touristen ist wegen einer eventuellen Diebstahlanzeige die Guardia Civil – kurz Guardia genannt – die wichtigste Anlaufstelle. Sie ist in jedem größeren Ort stationiert, in Santa Cruz in der *Calle de La Portada* (ohne Nummer), *Tel. 41 11 84*. In Los Llanos in der *Avda. Tanausú 22, Tel. 46 09 90.*

POST

Zwar hat jeder größere Ort eine Poststelle, doch der Urlauber, der seine Ansichtskarten nicht erst nach seiner Rückkehr beim Empfänger wissen will, geht am besten zur Hauptpost der Insel nach Santa Cruz oder zum Postamt in Los Llanos.

Briefmarken heißen *sellos* und kosten für einen Brief oder eine Postkarte in ein EU-Land 60 Ptas, nach Übersee 110 Ptas.

Die Laufzeiten sind recht unterschiedlich, von einer Woche bis zu drei Wochen innerhalb Europas ist alles möglich, Päckchen sind bis zu 3 Monate unterwegs.

Die Post schließt werktags um 14.30 Uhr, samstags um 13 Uhr. Post erhalten kann man unter der Anschrift des Postamtes mit dem Vermerk *lista de correos* (postlagernd). Diese Sendungen werden drei Monate aufbewahrt.

RADIO

Radio Española, der spanische staatliche Rundfunk, ist mit seinen verschiedenen Programmen, von Klassik über Pop bis Jazz, auf der Insel zu empfangen. Im Sommer schwappt auch manchmal eine englisch- bzw. deutschsprachige Touristensendung von der Nachbarinsel Tenerife herüber (UKW 102,7 MHz »Radio Europa«).

Die Deutsche Welle empfängt man am besten im 31- und 49-m-Band der Kurzwelle. Laut Deutscher Welle soll das Programm auch auf UKW 103 MHz zwischen 0 Uhr und 9 Uhr sowie von 12 bis 13 Uhr zu empfangen sein (Weltzeit = MEZ – 1 Std.). Zusätzlich werden täglich um 16, 17, 18, 21, 22 und 23 Uhr aktuelle Nachrichten in deutscher Sprache gesendet.

SPORT

Mit der Entdeckung durch den Tourismus erschienen auf La Palma höchst ungewöhnliche und bis dato nur aus dem Fernsehen bekannte Vehikel: Mountainbikes, Flugdrachen und Surfbretter. Zusätzlich legten in den letzten Jahren mehr Segelboote

an, kamen Leute mit Tennisschlägern und Bergsteiger-Ausrüstungen im Gepäck, und das Gerücht um die Eröffnung eines Golfplatzes hält sich immer noch.

Für all diese von den Urlaubern bevorzugten Aktivitäten gibt es auf La Palma so gut wie keine Infrastruktur und Organisation. Einige Spitzenhotels haben Tennisplätze.

Surfer und Drachenflieger sind auf sich selbst angewiesen, ebenso Bergsteiger und Segler, für die erst jetzt mit dem Bau besserer Versorgungseinrichtungen begonnen wird. Für Mountainbiker gibt es kaum spezielle Werkstätten oder Ersatzteilnachschub vor Ort.

Alle diese sportlichen Aktivitäten können selbstverständlich auf La Palma ausgeübt werden, wobei man sich zuvor im Heimatland bei den entsprechenden Clubs oder Verbänden erkundigen sollte, wie die Gegebenheiten tatsächlich sind.

Für Surfer und Segler gilt: Es weht meistens ein Nord-Ost-Passat in Stärken um 5. Sandige Buchten, die frei sind von Unterwasserfelsen, gibt es kaum. Für Surfer sind die Strände bei Puerto Naos am geeignetsten, besonders der von Las Hoyas.

Für Radsportler und Mountainbiker gilt: La Palmas Straßen sind eng und relativ steil. Die Autofahrer sind forsch und radfahrende Verkehrsteilnehmer nicht gewohnt. Mountainbike-Touren führt durch: Bike'n Fun, *Los Llanos, Calle Calvo Sotelo 20, Tel./Fax 40 19 27.* Radwanderungen organisiert La Palma Tour, *Tel. 18 11 09*

Bergsteiger werden auf La Palma enttäuscht, da es kaum Gebiete aus gewachsenem Fels gibt. Das vulkanische Oberflächengestein ist lose und bietet keinen Halt.

Drachenflieger finden auf La Palma auch ihren Spaß. Auskünfte: Pegasus Drachenflug in *Puerto Naos an der Promenade oder Tel. 40 61 12*

Für Taucher mit Flossen und Schnorchel sind die Küstenbuchten mit ihren vielen Unterwasserfelsen ein durchaus lohnendes Revier. Tauchertreff »Konny und Hella Weiß«. Tauchkurse möglich, Apartments an der Basis in *El Paso, C/Echedey 1, Tel./Fax 48 59 38*

Angelsportler können mit einer entsprechenden Genehmigung vom Cabildo in Santa Cruz (am Anfang der Avda. Marítima) von den Felsen aus angeln. Es gibt in Santa Cruz und Los Llanos entsprechende Geschäfte mit Angelausrüstung. Als Angelköder werden übrigens vielfach Garnelen aus der Tiefkühltruhe benutzt.

STROMSPANNUNG

Das einzige kommerzielle Kraftwerk der Insel am Südausgang von Santa Cruz erzeugt 220-Volt-Wechselstrom. Es empfiehlt sich, für Geräte mit Schukosteckern Flachsteckerkupplungen mitzunehmen, da es auf der Insel eine Vielzahl verschiedener Stecker- und Steckdosensysteme gibt.

TANKSTELLEN

In allen größeren Orten gibt es Tankstellen, seit 1992 auch bleifreies Benzin bei den großen Tankstellen. Normalerweise haben diese ab 20 Uhr geschlossen,

einige, z. B. die Shell-Tankstelle in La Grama, hinter Santa Cruz in Richtung Los Llanos, und die in El Paso haben rund um die Uhr geöffnet. Auch sonn- und feiertags haben viele Tankstellen geschlossen, eine Ausnahme ist z. B. die am Flughafen.

Benzin und Dieselkraftstoff sind bis zu ein Drittel billiger als auf dem europäischen Festland. Selbstbedienung gibt es nicht. Volltanken heißt *lleno*.

TAXI

Es ist schwer, wenn nicht unmöglich, am Abend nach 20 Uhr ein Taxi auf der Straße herbeizuwinken, weil die Fahrer Feierabend haben. Am besten reserviert man im voraus: Taxistand Santa Cruz, *Avda. El Puente, Tel. 41 12 02.* Taxistand San Antonio, *Tel. 43 40 46.* Taxistand Los Llanos, *Avda. Doctor Fleming, Tel. 46 27 40.* Bei der Ankunft auf dem Flughafen stehen immer einige Taxis bereit.

TELEFON

Von den öffentlichen Telefonzellen kann man weltweit telefonieren. Welche Vorwahlnummern zu wählen sind, steht mehrsprachig angeschlagen, nach Deutschland z.B. 07–49–deutsche Stadtvorwahl ohne die Null.

TOUREN AUF DER INSEL

Neben den angebotenen Touren von Reiseveranstaltern wie z. B. Jahn in München, TUI in Hannover oder Wikinger in Hagen gibt es auch vor Ort recht individuelle Tourenmöglichkeiten.

Es gibt verschiedene Ausflugsfahrten per Bus, mit Reiseleitung und Mittagessen unterwegs. Es werden auch Wanderungen organisiert, die von kundigen Führern geleitet werden. Die Preise bewegen sich zwischen 2900 und 4500 Ptas. Reisebüros organisieren derartige Touren, u. a.: Ultramar Express, *Los Cancajos, Tel. 18 11 21;* Viajes Insular, *Plaza de España, Tel. 41 19 72, Viajes Pamir, Calle O'Daly 8, Tel. 41 62 35 sowie La Palma Tours, Tel. 18 11 19.*

TRINKGELD

Es hängt von jedem selbst ab, ob er Trinkgeld gibt. Eine diesbezügliche Pflicht gibt es auf La Palma nicht. Es ist jedoch üblich, an der Bar ein paar Münzen liegen zu lassen, sofern der Service in Ordnung war.

Andererseits wird bei den stolzen Palmeros jeder unangenehm auffallen, der mit dem Trinkgeld allzu großzügig um sich wirft, eine Vorzugsbedienung erkauft man sich dadurch jedenfalls nicht.

VERKEHRSBESTIMMUNGEN

Auf La Palma herrscht Rechtsverkehr, die internationalen Verkehrsregeln finden auch hier ihre Anwendung.

Wenn man mit dem Wagen liegenbleibt, darf man sich ausdrücklich nur von Unternehmen abschleppen lassen, die dafür eine Lizenz haben. Sie heißen Grua.

Die Polizei ahndet Verkehrsübertretungen sehr streng und teuer. Auf jeden Fall sollte man beim Parken in Santa Cruz und Los Llanos daran denken. Bei gelber Bordsteinbemalung ist nur ein Halt zum Ein- und Aussteigen erlaubt.

ZEITUNGEN

Mit wenigen Tagen Verspätung kann man auf La Palma internationale Presseerzeugnisse kaufen. Alle wichtigen deutschen Publikationsorgane sind darunter. Darüber hinaus wird auf den Kanarischen Inseln der »Wochenspiegel« vierzehntägig in deutscher Sprache vertrieben. In ihm findet man viele Informationen über die Insel und einen reichen Anzeigenteil.

ZOLL

Die Zollbestimmungen für La Palma sind auch nach dem 1. 1. 93 unverändert, da das kanarische Archipel zollfreien Status genießt. Die EU-Regelungen über die allgemeine Zollfreiheit beziehen sich nämlich nicht auf Waren, die im zollfreien Raum, also zum Beispiel auf den Kanarischen Inseln oder als Duty-free-Waren im Flugzeug, gekauft wurden.

WETTER IN SANTA CRUZ

Die monatlichen Durchschnittswerte im Überblick

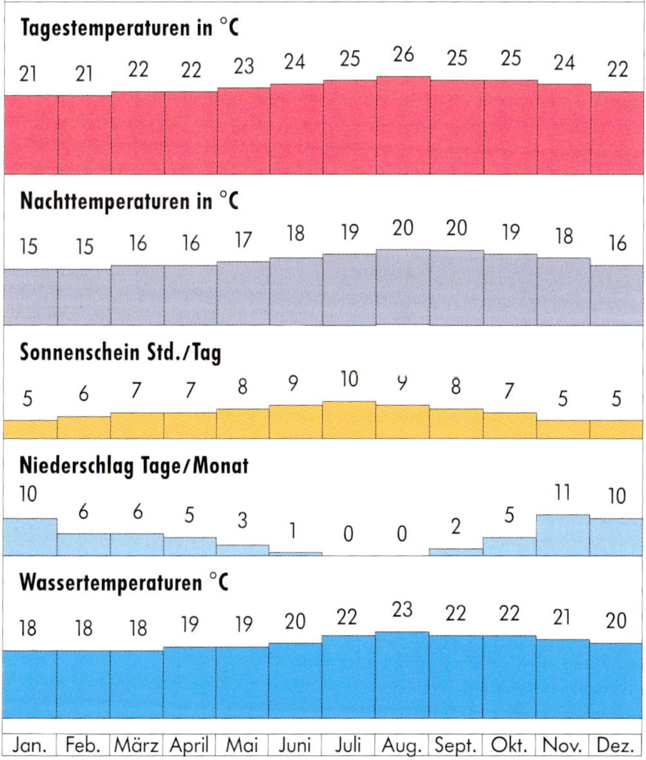

Bloß nicht!

Rücksicht auf palmerische Sitten und Gebräuche ist geboten

Diebstahlgefahr
Eigentlich sind die Touristen auf La Palma bisher von den typischen kleinen und großen Betrügereien und Übervorteilungen verschont geblieben. Es gibt keine aufsässigen Straßenhändler, keine Nepptouren oder sogenannten Gratisveranstaltungen. Zwar ist bekannt geworden, daß in bestimmten Souvenirläden schon einmal die Unkenntnis des Ausländers über die verschiedenen Pesetenscheine ausgenutzt wurde, was sich bei der Herausgabe des Wechselgeldes zuungunsten des Touristen auswirkte, massive Betrügereien oder echter Schwindel sind aber bislang nicht bekannt geworden.

Allerdings sind in den letzten Jahren zunehmend Diebstähle aus abgestellten Miet autos und offenstehenden Apartments gemeldet worden. Deshalb sollte man auf keinen Fall irgend etwas von Wert in seinem Mietwagen lassen, die Parkplätze bei den bekannten Aussichtspunkten sind besonders Schauplätze derartiger Autoeinbrüche.

Vorsicht beim Automieten
Was das Mieten eines Wagens angeht, so sollten einige Dinge beachtet werden, die im Heimatland vielleicht gar kein Thema sind. Man prüfe z.B. bei Abschluß des Vertrages genau, ob eine zugesicherte Vollkaskoversicherung wirklich geschriebener Vertragsinhalt ist, unter Beachtung der Eigenbeteiligung.

Und: Ist im Wagen auch wirklich ein funktionsfähiger Ersatzreifen mit entsprechendem Werkzeug? Manche Straßen auf La Palma haben es in sich, und Reifenpannen können auf Schotterpisten schon mal vorkommen. Noch ein Hinweis für das Autofahren auf der Insel. Viele Besucher sind die steilen Bergabfahrten nicht gewohnt und versuchen, den Wagen durch Bremsen zu verlangsamen. Die Folge kann ein plötzlicher Bremsausfall sein. Deshalb stets im niedrigen Gang abfahren, statt übermäßig zu bremsen. Wenn Sie auf der Strecke liegenbleiben, dürfen Sie sich nicht privat abschleppen lassen. Sie müssen einen Grua (Abschleppwagen) kommen lassen. Telefonnummer beim Autovermieter erfragen.

Kein Handel mit den Cops
Bloß nicht mit der palmerischen Polizei einlassen! Die Polizisten sind zwar durchweg freundlich, aber gnadenlos bei Verkehrsdelikten, wie z.B. Falschparken oder Fahren ohne Licht im Tunnel. (Der Tunnel

beim Flughafen wird häufig kontrolliert.) Die Verwarnungsgebühren sind weit höher als in Mitteleuropa und auch nicht mit dem Hinweis, man sei unwissender Ausländer, verhandelbar.

Aus der Rolle fallen

Viele Palmeros sind entsetzt über das Erscheinungsbild mancher Touristen. Halbnackt ein Lokal betreten, nackt baden, womöglich inmitten der einheimischen Familien, oder ohne Hemd in den Ortschaften herumlaufen, all das sollte man mit Rücksicht auf die palmerische Lebensweise unterlassen.

Zum Verhalten den Palmeros gegenüber gehört auch, daß man auf keinen Fall versuchen sollte, einen Wunsch durch ein paar Geldscheine zu realisieren. Geschmiert wird sicherlich, jedoch nicht auf der Ebene Tourist – Palmero.

Ebenso verhält es sich mit dem Feilschen. Die palmerischen Märkte und Läden sind keine orientalischen Basare, grundsätzlich gilt der geforderte Preis für eine Ware.

Dunkle Geschäfte

Viele Touristen entdecken La Palma in ihren Träumen als eventuell zukünftigen Wohnsitz, was kein Traum bleiben muß. Man sollte jedoch auf übereilte Immobilienkäufe verzichten, besonders in Unkenntnis der einheimischen Mentalität und der Gesetze. Auch wenn selbsternannte Makler einen auf der Straße ansprechen und mit phantastischen Angeboten locken. Diese »Makler« haben keine Lizenz und bieten auch keine Hilfe bei der Beschaffung der erforderlichen Papiere. Es gibt natürlich auch seriöse Makler auf La Palma, im Zweifelsfalle kann man Auskünfte beim eigenen Konsulat einholen.

Ein weiteres gängiges Vermittlungsgeschäft ist der Verkauf von ungenutzten Rückflugtickets, die häufig sehr günstig angeboten werden. Will man also länger auf La Palma bleiben und sucht einen Rückflug, so ist in dieser Hinsicht Vorsicht geboten. Die Tickets sind natürlich auf den Namen des Erstkäufers ausgeschrieben. Bei eventuellen Kontrollen wird ein »Schwarzticket« nicht akzeptiert. Das Risiko ist vermeidbar, wenn man sich bei den palmerischen Reisebüros um einen Rückflug bemüht; diese Tickets mögen teurer sein, werden jedoch auf den Namen des Erwerbers ausgestellt. Vor »fliegenden Händlern« sollte man sich also auf jeden Fall in acht nehmen.

Gechlortes Trinkwasser

Noch vor dem letzten Krieg mußten die Frauen auf dem Land kilometerweit zur nächsten Wasserquelle laufen. Nach der Vernetzung der Insel durch zum Teil offene Zementkanäle hatte im Prinzip jedes Haus sein eigenes Trinkwasser, allerdings mit vielen gesundheitlichen Folgen, weil in den offenen Kanälen häufig Tierkadaver lagen. Heute kann man auf La Palma allerdings ohne Bedenken aus dem Wasserhahn trinken, doch ist das Wasser ungewöhnlich stark gechlort.

In den Lebensmittelläden gibt es heimisches, ungechlortes Trinkwasser in 1,5-Liter-Flaschen. Es ist nicht sehr teuer und sei darum hier empfohlen.

Enthalten sind alle größeren in diesem Führer erwähnten Orte und die meisten der genannten Hotels und Restaurants. Halbfette Zeilen verweisen auf den Haupteintrag, kursive auf Abbildungen.

Orte

Hotels

Restaurants

Was bekomme ich für mein Geld?

Über Jahre hinweg war die Peseta gegenüber der Deutschen Mark recht stabil, bis im Oktober 1992, als britisches Pfund und italienische Lira aus der Währungsschlange ausscherten, die spanische Währung um fünf Prozent abgewertet wurde. Parallel dazu stieg der Wert der Mark im internationalen Devisenmarkt. Für den La-Palma-Urlauber erhöht das die Kaufkraft. Ob es freilich so bleibt, weiß keiner, weshalb die nachstehende Umtauschtabelle vor der Abreise unbedingt auf Aktualität überprüft werden sollte.

Neben allerlei Sondermünzen gibt es Münzen zu 5, 10, 25, 50, 100, 200 und 500 Peseten, die 1- und 2-Peseten-Stücke findet man eher selten. Bei den Scheinen gibt es Stückelungen in 500, 1000, 2000, 5000 und 10 000 Peseten. Mit dem Tourismus und der europäischen Harmonisierung ist La Palma ähnlich wie die übrigen Kanarischen Inseln vergleichsweise teuer geworden, jedenfalls in den urbanen Zentren. Eine Tasse Kaffee kostet zwischen 100 und 125 Peseten, ein Glas Landwein zwischen 75 und 100, ein Glas Bier um 125 Peseten, Benzin kostet pro Liter zwischen 70 und 80 Peseten, eine Taxifahrt vom Flughafen nach Santa Cruz ca. 1000 Peseten, ein Brötchen ca. 25 Peseten, Butter um 100 Peseten für das halbe Pfund.

DM	Ptas	Ptas	DM
1	82,--	100	1,22
2	164,--	250	3,05
3	246,--	500	6,10
4	328,--	750	9,14
5	410,--	1.000	12,19
10	820,--	1.500	18,29
20	1.640,--	2.000	24,38
30	2.460,--	3.000	36,57
40	3.280,--	4.000	48,76
50	4.100,--	5.000	60,95
60	4.920,--	6.000	73,14
70	5.740,--	7.500	91,43
80	6.560,--	10.000	121,90
90	7.380,--	12.500	152,38
100	8.200,--	15.000	182,85
200	16.400,--	25.000	304,75
300	24.600,--	40.000	487,60
500	41.000,--	50.000	609,50
750	61.500,--	75.000	914,25
1.000	82.000,--	100.000	1.219,00

Sprechen und Verstehen ganz einfach

Zur Erleichterung der Aussprache:

c	vor »e, i« stimmloser Lispellaut, stärker als engl. »th«. Bsp.: gracias
ch	stimmloses deutsches »dsch« wie in »Dschungel«
g	vor »e, i« wie deutsches »ch« in »Bach«
gue, gui/ que, qui	das »u« ist immer stumm, wie deutsches »g«/ »k«
j	immer wie deutsches »ch« in »Bach«
ll, y	wie hartes deutsches »j« zwischen Vokalen. Bsp.: Mallorca
ñ	wie »gn« in »Champagner«
Abkürzung »Am«:	lateinamerikanisch

AUF EINEN BLICK

Ja./Nein.	Sí./No.
Vielleicht.	Quizás.
Bitte./Danke.	Por favor./Gracias.
Vielen Dank!	Muchas gracias.
Gern geschehen.	No hay de qué.
Entschuldigung!	¡Perdón!
Wie bitte?	¿Cómo dice/dices?
Ich verstehe Sie/dich nicht.	No le/la/te entiendo.
Ich spreche nur wenig ...	Hablo sólo un poco de ...
Können Sie mir bitte helfen?	¿Puede usted ayudarme, por favor?
Ich möchte ...	Quisiera.../Desearía.../Me gustaría...
Das gefällt mir (nicht).	(No) me gusta.
Haben Sie ...?	¿Tiene usted ...?
Wieviel kostet es?	¿Cuánto cuesta?
Wieviel Uhr ist es?	¿Qué hora es?

KENNENLERNEN

Guten Morgen!	¡Buenos días!
Guten Tag!	¡Buenos días!/¡Buenas tardes!
Guten Abend!	¡Buenas tardes!/¡Buenas noches!
Hallo! Grüß dich!	¡Hola! ¿Qué tal?
Mein Name ist ...	Me llamo ...
Wie ist Ihr Name, bitte?	¿Cómo se llama usted, por favor?
Wie geht es Ihnen/dir?	¿Qué tal está usted?/¿Qué tal?
Danke. Und Ihnen/dir?	Bien, gracias. ¿Y usted/tú?
Auf Wiedersehen!	¡Hasta la vista!/¡Adiós!
Tschüß!	¡Adiós!/¡Hasta luego!
Bis bald!	¡Hasta pronto!
Bis morgen!	¡Hasta mañana!

UNTERWEGS

Auskunft

links/rechts	a la izquierda/a la derecha
geradeaus	todo seguido/derecho
nah/weit	cerca/lejos
Wie weit ist das?	¿A qué distancia está?
Ich möchte … mieten.	Quisiera alquilar …
… ein Auto	… un coche
… ein Fahrrad	… una bicicleta
… ein Boot	… una barca
Bitte, wo ist …?	Perdón, ¿dónde está …
… der Hauptbahnhof	… la estación central?
… die U-Bahn	… el metro?
… der Flughafen	… el aeropuerto?
Zum … Hotel.	Al hotel …

Panne

Ich habe eine Panne.	Tengo una avería.
Würden Sie mir bitte einen Abschleppwagen schicken?	¿Pueden ustedes enviarme un cochegrúa, por favor?
Wo ist hier in der Nähe eine Werkstatt?	¿Hay algún taller por aquí cerca?

Tankstelle

Wo ist bitte die nächste Tankstelle?	¿Dónde está la estación de servicio más cercana, por favor?
Ich möchte … Liter …	Quisiera … litros de …
… Normalbenzin.	… gasolina normal.
… Super./… Diesel.	… súper./… diesel.
… bleifrei/… verbleit.	… sin plomo./… con plomo.
… mit … Oktan.	… de … octanos.
Volltanken, bitte.	Lleno, por favor.

Unfall

Hilfe!	¡Ayuda!, ¡Socorro!
Achtung!	¡Atención!
Vorsicht!	¡Cuidado!
Rufen Sie bitte schnell …	Llame enseguida …
… einen Krankenwagen.	… una ambulancia.
… die Polizei.	… a la policía.
… die Feuerwehr.	… a los bomberos.
Haben Sie Verbandszeug?	¿Tiene usted botiquín de urgencia?
Es war meine Schuld.	Ha sido por mi culpa.
Es war Ihre Schuld.	Ha sido por su culpa.
Geben Sie mir bitte Ihren Namen und Ihre Anschrift.	¿Puede usted darme su nombre y dirección?

ESSEN/UNTERHALTUNG

Wo gibt es hier …	¿Dónde hay por aquí cerca …
… ein gutes Restaurant?	… un buen restaurante?
… ein nicht zu teures Restaurant?	… un restaurante no demasiado caro?
Gibt es hier eine gemütliche Kneipe?	¿Hay por aquí una taberna acogedora?
Reservieren Sie uns bitte für heute abend einen Tisch für 4 Personen.	¿Puede reservarnos para esta noche una mesa para cuatro personas?
Auf Ihr Wohl!	¡Salud!
Bezahlen, bitte.	¡La cuenta, por favor!
Hat es geschmeckt?	¿Le/Les ha gustado la comida?
Das Essen war ausgezeichnet.	La comida estaba excelente.
Haben Sie einen Veranstaltungskalender?	¿Tienen ustedes un programa de espectáculos?

EINKAUFEN

Wo finde ich …?	Por favor, ¿dónde hay …?
Apotheke	farmacia
Bäckerei	panadería
Fotoartikel	tienda de artículos fotograficós
Kaufhaus	los grandes almacenes
Lebensmittelgeschäft	teinda de comestibles (*Am* el almacén)
Markt	mercado

ÜBERNACHTUNG

Können Sie mir bitte … empfehlen?	Perdón, señor/señora/señorita. ¿Podría usted indicarme …
… ein Hotel	… un hotel?
… eine Pension	… una pensión?
Ich habe bei Ihnen ein Zimmer reserviert.	He reservado aquí una habitación.
Haben Sie noch …	¿Tienen ustedes …
… ein Einzelzimmer	… una habitación individual
… ein Zweibettzimmer	… una habitación doble
… mit Dusche/Bad?	… con ducha/baño?
… für eine Nacht?	… para una noche?
… für eine Woche?	… para una semana?
… mit Blick aufs Meer?	… con vistas al mar?
Was kostet das Zimmer mit …	¿Cuánto cuesta la habitación con …
… Frühstück?	… desayuno?
… Halbpension?	… media pensión?

PRAKTISCHE INFORMATIONEN

Arzt

Können Sie mir einen guten Arzt empfehlen?	¿Puede usted indicarme un buen médico?
Ich habe …	Tengo …
… Durchfall.	… colitis.
… Fieber.	… fiebre.
… Kopfschmerzen.	… dolor de cabeza.
… Zahnschmerzen.	… dolor de muelas.

Bank

Wo ist hier bitte …	Por favor, ¿ dónde hay por aquí …
… eine Bank?	… un banco?
… eine Wechselstube?	… una oficina de cambio?
Ich möchte … DM (Schilling, Schweizer Franken) in Peseten (Pesos) wechseln.	Quisiera cambiar … marcos (chelines, francos suizos) en pesetas (pesos).

Post

Was kostet …	¿Cuánto cuesta …
… ein Brief …	… una carta …
… eine Postkarte …	… una postal …
… nach Deutschland?	… para Alemania?

Zahlen

0	cero	19	diecinueve
1	un, uno	20	veinte
2	dos	21	veintiuno, -a, veintiún
3	tres	22	veintidós
4	cuatro	30	treinta
5	cinco	40	cuarenta
6	seis	50	cincuenta
7	siete	60	sesenta
8	ocho	70	setenta
9	nueve	80	ochenta
10	diez	90	noventa
11	once	100	cien, ciento
12	doce	200	doscientos, -as
13	trece	1000	mil
14	catorce	2000	dos mil
15	quince	10000	diez mil
16	dieciséis		
17	diecisiete	1/2	medio
18	dieciocho	1/4	un cuarto

Menú
Speisekarte

DESAYUNO	FRÜHSTÜCK
café solo	schwarzer Kaffee
café con leche	Kaffee mit Milch
café descafeinado	koffeinfreier Kaffee
té con leche/limón	Tee mit Milch/Zitrone
infusión (de hierbas)/tisana	Kräutertee
chocolate	Schokolade
zumo de fruta	Fruchtsaft
huevo pasado por agua	weiches Ei
huevos revueltos	Rühreier
pan/panecillos/tostadas	Brot/Brötchen/Toast
croissant (*Am* media luna)	Hörnchen
churros	Ölkringel *(Gebäck)*
mantequilla (*Am* manteca)	Butter
queso	Käse
embutido	Wurst
jamón	Schinken
miel	Honig
mermelada	Marmelade
müsli	Müsli
yogur	Joghurt

ENTREMESES/SOPAS	VORSPEISEN/SUPPEN
aceitunas	Oliven
alcachofas	Artischocken
boquerones	Sardellen
caracoles	Schnecken
chorizo	Paprikawurst
ensaladilla rusa	russische Eier
gambas al ajillo	Garnelen in Knoblauchsauce
gazpacho	kalte Suppe aus Tomate, Paprikaschote, Apfel, Öl, Essig usw.
jamón serrano	roher Schinken
mejillones	Miesmuscheln
tortilla (a la) española	Omelett mit Kartoffeln (und Zwiebeln)
tortilla (a la) francesa	einfaches Omelett
salchichón	spanische Salami
salpicón de marisco	Meeresfrüchtesalat
sopa de pescado	Fischsuppe
sopa de verduras (sopa juliana, sopa jardinera)	Gemüsesuppe

PESCADOS Y MARISCOS	FISCH UND MEERESFRÜCHTE
arenque	Hering
atún	Thunfisch
bacalao	Kabeljau, Stockfisch
besugo	Seebrasse
bogavante	Hummer
bonito	Thunfisch
calamares a la romana	panierte Tintenfischringe
dorada	Goldbarsch
gambas	Garnelen
langostinos	Riesengarnelen
lenguado	Seezunge
lubina	See-, Wolfsbarsch
paella	Reisgericht mit Meeresfrüchten und/oder Fleisch
parrillada de pescado	Fisch-Grillplatte
perca	Barsch
pescado a la marinera	in Tomatensoße mit Petersilie gedämpfter Fisch
platija	Scholle
pulpo	großer Tintenfisch
rape	Seeteufel
salmón	Lachs
trucha	Forelle

CARNE Y AVES	FLEISCH UND GEFLÜGEL
asado	Braten
bistec	Beefsteak
carne picada	Hackfleisch
carne de vaca	Rindfleisch
cerdo	Schwein
chuleta (*Am* costeleta)	Kotelett
cocido	Eintopf mit Fleisch, Kichererbsen, Gemüse, Kartoffeln usw.
cochinillo	Spanferkel
cordero	Hammel, Lamm
escalope	Schnitzel
estofado	Schmorbraten
filete	Filet, Lendenstück
guisado	Gulasch, Ragout
hígado	Leber
parrillada de carne	Fleisch-Grillplatte
pato	Ente
pollo	Hähnchen
rosbif	Rostbeef
solomillo	Filet, Lendenstück
ternera	Kalb

ENSALADA Y VERDURAS	SALAT UND GEMÜSE
alcachofas	Artischocken
berenjenas	Auberginen
cebollas	Zwiebeln
coliflor	Blumenkohl
ensalada variada/mixta	gemischter Salat
ensalada del tiempo	Salat der Saison
escarola	Endivie(nsalat)
espárragos	Spargel
garbanzos	Kichererbsen
guisantes	Erbsen
judías	Bohnen
lechuga	Kopfsalat
patatas (*Am* papas)	Kartoffeln
patatas (*Am* papas) fritas	Pommes frites
pepino	Gurke
pimiento	Paprikaschote
pisto (manchego)	geschmorte Paprikaschote, Tomate usw. (mit Kürbis)
setas	Pilze
tomate	Tomate
zanahorias	Karotten

POSTRES, QUESO Y FRUTA	NACHSPEISEN, KÄSE UND OBST
albaricoques (*Am* damascos)	Aprikosen
arroz con leche	Milchreis
compota	Kompott
flan	Karamelpudding
fresas (*Am* frutilla)	Erdbeeren
higos	Feigen
macedonia de frutas	Obstsalat
manzana	Apfel
melocotón (*Am* durazno)	Pfirsich
melón	Melone
naranja	Apfelsine
natillas	Cremespeise
pera	Birne
piña (Am ananás)	Ananas
plátano (*Am* banana)	Banane
queso de cabra	Ziegenkäse
queso (de) Gruyère	Emmentaler Käse
queso manchego	»Mancha«-Käse
queso de oveja	Schafskäse
sandía	Wassermelone
tarta	Torte
toronja	Pampelmuse
uvas	Weintrauben

HELADOS/DULCES	EIS/GEBÄCK
bombón	Praline
café helado	Eiskaffee
chocolate	Schokolade
churros	fettgebackene Hefekringel
copa de helado	Eisbecher
dulces	Süßigkeiten
galletas	Kekse
helado variado	gemischtes Eis
nata	Sahne
tarta de frutas	Obstkuchen

Bebidas
Getränkekarte

BEBIDAS ALCOHOLICAS	ALKOHOLISCHE GETRÄNKE
aguardiente	Schnaps
caña de cerveza	Bier (kleines Glas)
Cariñena	herber Tischwein
cerveza de barril	Bier vom Faß
Chacolí	herber Aperitif
Jerez dulce/oloroso	süßer Sherry
Málaga	sehr süßer Dessertwein
Manzanilla	herber Weißwein
Montilla	herber Aperitif
Moriles	herber Weißwein
Priorato	herber Rot- oder Weißwein (aus Katalonien)
Ribeiro	herber Rotwein (Tischwein aus Galizien)
Rioja	herber Rot- und Weißwein
Sangría	Rotweinbowle (mit Früchten)
Valdepeñas	herber Rot- und Weißwein (aus der »Mancha«)

BEBIDAS NO ALCOHOLICAS	ALKOHOLFREIE GETRÄNKE
agua mineral	Mineralwasser
batido	Milchmixgetränk
gaseosa	Sprudel mit Geschmack
horchata	Erdmandelmilch
leche	Milch
zumo (*Am* jugo) de naranja	Orangensaft